彩色版

赠送配套
教学视频

汽车防盗原理
与编程技术

大力汽修学院指定培训教材　　曹晶　汪正河　编著

化学工业出版社
·北京·

本书共分九章，内容涵盖汽车防盗编程基础知识、汽车里程数据的修改方法、机械钥匙配制方法、汽车防盗原理与编程技术等。结合实战案例，重点介绍了大众奥迪车系、国产车型、日韩车系、美洲车系、奔驰/宝马车系的防盗原理和编程技术。

本书内容系统实用、图文并茂、通俗易懂，适合汽车维修技术人员阅读，也可供汽车维修初学者自学使用，还可作为职业院校、培训学校汽车相关专业的培训教材，汽车驾驶员也可参阅。

图书在版编目（CIP）数据

汽车防盗原理与编程技术／曹晶，汪正河编著．—北京：化学工业出版社，2019.7（2021.4重印）
 ISBN 978-7-122-34224-9

Ⅰ．①汽⋯　Ⅱ．①曹⋯②汪⋯　Ⅲ．①汽车-报警系统-程序设计　Ⅳ．①U472.41

中国版本图书馆 CIP 数据核字（2019）第 058322 号

责任编辑：黄　滢　　　　　　　　　　　装帧设计：王晓宇
责任校对：杜杏然

出版发行：化学工业出版社（北京市东城区青年湖南街13号　邮政编码100011）
印　　装：涿州市般润文化传播有限公司
710mm×1000mm　1/16　印张19　字数363千字　2021年4月北京第1版第4次印刷

购书咨询：010-64518888　　　　　　　　售后服务：010-64518899
网　　址：http://www.cip.com.cn
凡购买本书，如有缺损质量问题，本社销售中心负责调换。

定　　价：99.00元　　　　　　　　　　　　　　　　版权所有　违者必究

前 言

汽车防盗系统维修是汽车维修中较为复杂的一个项目,一般在汽车防盗系统出现故障或者因汽车钥匙丢失等原因需要增配钥匙时,都会涉及汽车防盗系统的检修/编程。

由于目前国内从事汽车防盗系统编程技术的维修人员还比较少,一般一个城市只有少量的几个人。因此,汽车防盗编程技术人才紧缺,社会需求量大。为此我公司(大力汽修学院)特开办了汽车防盗编程技术培训班,已经成功培养了一些汽车防盗编程技术人员。我们发现目前市面上专门介绍汽车防盗系统维修的书籍很少,况且现有书籍的内容也多半是资料查阅性质的,涉及实操的内容很少,对于那些没有汽车防盗理论基础的维修人员很难看懂。为此,我们编著了本书,力争将本书做成一本适合入门、没有维修经验的初学者也能看懂的汽车防盗编程技术培训教材。

本书系统介绍了汽车防盗系统编程匹配技术相关知识。书中将市面上所有车型按区域分类,然后总结该类车型的防盗系统发展历程。详细讲解了各个防盗系统的基本原理与编程方法、步骤和匹配流程,并结合一系列实战案例,介绍了目前市面上常用的编程设备使用与操作方法。

本书图文并茂,内容由简到繁、循序渐进、通俗易懂。为便于读者快速消化和高效吸收所学知识,书中对比较复杂难懂的操作内容,采用了"微视频教学与图文内容相结合"的形式进行介绍。全书配套13个教学视频,因视频较大,每个视频时长都超过1小时,无法放到正文中体现,故读者购书后可与编辑联系免费索取教学视频二维码及密码,即可扫码看视频、听讲解。将丰富的高清视频内容与图文内容对照理解,可使学习过程事半功倍。联系方式:微信15197032933或致电010-64519275。

本书适合汽车维修技术人员阅读,也可供汽车维修初学者自学使用,还可作为职业院校、培训学校汽车相关专业的培训教材,汽车驾驶员也可参阅。

编著者

目 录

第一章 汽车防盗编程基础知识 /1

第一节　半导体集成电路储存数据方法　/1
第二节　16 进制和 10 进制换算工具　/2
第三节　储存器的识别和分类　/5
第四节　编程器的使用　/9

第二章 汽车里程数据的修改方法 /13

第一节　汽车里程表调校　/13
第二节　OBD 调表　/20

第三章 机械钥匙配制方法 /26

第一节　汽车机械锁原理　/26
第二节　点火锁结构原理　/27
第三节　机械钥匙区分和做齿　/29
第四节　钥匙机介绍　/35
第五节　二合一工具介绍　/37

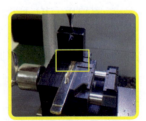

目 录

第一节　汽车防盗系统介绍　/ 51
第二节　遥控器的原理　/ 52
第三节　遥控器的制作与匹配　/ 53
第四节　IMMO 防盗原理　/ 55
第五节　芯片认识和分类　/ 56
第六节　钥匙匹配方法　/ 62

第四章 04
汽车防盗系统的认识

/51

第一节　大众车型防盗分类　/ 68
第二节　第二代、第三代、第三代半钥匙匹配方法　/ 72
第三节　第三代半（CDC 仪表）与第四代防盗匹配方法　/ 76
第四节　如何使用 VVDI Ⅱ 做第四代全丢钥匙　/ 84
第五节　迈腾 /CC 钥匙匹配方法　/ 85
第六节　奥迪第四代钥匙匹配　/ 93
第七节　大众第四代 96 位 48 芯片拷贝方法　/ 96
第八节　奥迪第五代钥匙的匹配方法　/ 97
第九节　实战案例分享　/ 100

第五章 05
大众奥迪车系防盗原理与编程技术

/68

目 录

第六章 国产车型防盗原理与匹配技术

第一节　国产防盗系统介绍　/ 107
第二节　交通实业防盗系统　/ 107
第三节　联创防盗系统　/ 112
第四节　联合电子防盗系统　/ 118
第五节　重庆集诚防盗系统　/ 119
第六节　德尔福防盗系统　/ 120
第七节　西门子防盗系统　/ 124

第七章 日韩车系防盗原理与编程技术

第一节　本田车系　/ 127
第二节　丰田、雷克萨斯车系　/ 136
第三节　马自达车系　/ 147
第四节　尼桑、英菲尼迪车系　/ 149
第五节　铃木车系　/ 153
第六节　三菱车系　/ 155
第七节　斯巴鲁车系　/ 155
第八节　现代、起亚车系　/ 156
第九节　实战案例分享　/ 160

第八章 美洲车系防盗原理与编程技术

第一节　手工匹配 13 芯片　/ 184
第二节　手工匹配电阻钥匙　/ 186
第三节　凯越防盗芯片介绍　/ 187
第四节　雪佛兰景程防盗介绍　/ 188
第五节　新款别克/雪佛兰防盗介绍　/ 191
第六节　实战案例分享　/ 194

目 录

第九章 奔驰/宝马车系防盗原理与编程技术 /217

第一节　宝马车系防盗分类　/217
第二节　实战案例分享　/226
第三节　奔驰芯片钥匙匹配方法　/270
第四节　奔驰红外钥匙介绍　/273
第五节　红外线钥匙匹配方法　/274

参考文献 /296

本书配套赠送12节视频课程

具体领取步骤：

第一步：扫码关注
"汽车维修技术与知识"
微信公众号

第二步：公众号对话框里
输入关键词"防盗"

第一章
汽车防盗编程基础知识

第一节 半导体集成电路储存数据方法

学习汽车解码、防盗匹配、里程调校等知识，首先要了解一个最基本的知识，即半导体集成电路记忆原理。

平时工作中会经常接触到电子集成电路，明白其基本原理会对分析数据有很大的帮助，例如破解防盗密码、调里程数、修改数据等。

首先，要弄明白半导体集成电路的记忆方法。半导体集成电路储存数据就如计算机内存一样，比如，记录 10000 这个数值，它并不是直接把 10000 这个数值记录到内存里，而是通过换算，变为 2 进制进行记录。又因为二进制不容易查看，故设备读取到的数据都是以 16 进制显示的，所以下面主要介绍 16 进制与 2 进制和 10 进制之间的关系。

16 进制顾名思义就是逢 16 进 1，表达方式为 0、1、2、3、4、5、6、7、8、9、A、B、C、D、E、F。

2 进制即为 0 和 1 组合的数，在这里没有 2，所以遇 2 进 1。它们之间的关系见表 1-1-1。

表 1-1-1　2 进制、10 进制和 16 进制之间的关系

2 进制	10 进制	16 进制
0000	0	0
0001	1	1
0010	2	2

续表

2 进制	10 进制	16 进制
0011	3	3
0100	4	4
0101	5	5
0110	6	6
0111	7	7
1000	8	8
1001	9	9
1010	10	A
1011	11	B
1100	12	C
1101	13	D
1110	14	E
1111	15	F

从 CPU 或者八角码片读出来的数据，都是 16 进制数据，但是 16 进制数据不方便日常使用。比如，我们这里去 ×× 广场大约有 15km 距离的路程，如果用 16 进制数表达，说成 F 千米远，别人肯定听不懂。因为人们日常生活中都用的是 10 进制计数单位。所以，需要进行单位换算，把 16 进制换算成 10 进制，才便于识别了解。

第二节　16 进制和 10 进制换算工具

16 进制和 10 进制需要用专用计算器进行转换。

计算机里有一个计算器，打开计算机，点开桌面左下角菜单，在输入框搜索"计算器"就可以找到（图 1-2-1）。

图 1-2-1

另外，必须把计算器设置成程序员计算器，才能方便我们使用（图 1-2-2）。

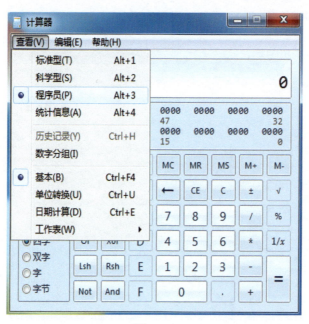

图 1-2-2

举例： 把 10 进制的 1000 换成 16 进制（图 1-2-3）。

图 1-2-3

打开已设置好的程序员计算器，先选择 10 进制，输入 1000，再点一下 16 进制，计算器就会自动把我们输入 10 进制数值 1000 转换成 16 进制的数值显示（图 1-2-4）。

如果把 16 进制转换成 10 进制，反过来操作即可。

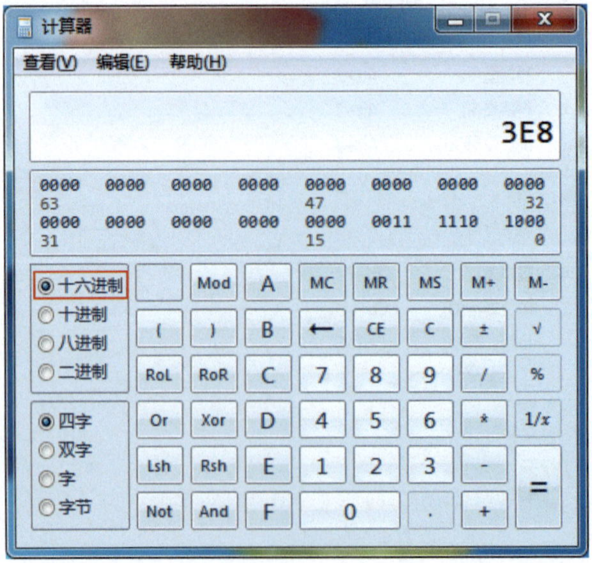

图 1-2-4

这是行业内最基础的一个知识点，对于后面学习的知识点，如破解密码、调里程等十分有用。

第三节　储存器的识别和分类

那么数据储存在哪里呢？其实集成电路里的数据都由专门的器件储存，就如计算机里的硬盘一样，但一般的电子产品不像台式计算机那样需要大量的数据运算，所以储存的数据相对较少，一般是几个字节（B）到几千个字节。1024B 就是 1kB，1B 称为一个字节（两位数组成一个字节，例如 10、8C、AF，这是三个字节），1024kB 等于 1MB，1024MB 等于 1GB。对于台式计算机来说，现在的硬盘容量都很大。但在汽车电子控制装置中，并不需要用到这么大的内存，一般连 1MB 都没有，甚至只有几十千字节。这些数据一般储存在单片机和八角码片中（图 1-3-1）。

图 1-3-1

单片机是一种集成电路芯片，是采用超大规模集成电路技术把具有数据处理能力的中央处理器（CPU）随机存储器（RAM）、只读存储器（ROM）、多种 I/O 口和中断系统、定时器/计时器等（可能还包括显示驱动电路、脉宽调制电路、模拟多路转换器、A/D 转换器等电路）集成到一块硅片上构成的一个小而完善的微型计算机系统，在工业控制领域应用广泛。

单片机也被称为微控制器（Microcontroller Unit），常用英文缩写 MCU 表示，它最早被用在工业控制领域。单片机由芯片内仅有 CPU 的专用处理器发展而来。最早的设计理念是通过将大量外围设备和 CPU 集成在一个芯片中，使计算机系统更小，更容易集成到复杂而对体积要求严格的控制设备当中。英特尔公司的 Z80 是最早按照这种思想设计出的处理器，从此以后，单片机和专用处理器的发展便分道扬镳。单片机是嵌入式系统的独立发展之路，向 MCU 阶段发展的重要因素，就是寻求应用系统在芯片上的最大化解决，因此专用单片机的发展自然形成了 SoC（系统芯片）化趋势。随着微电子技术、IC（集成电路）设计、EDA（电子设计自动化）工具的发展，基于 SoC 的单片机应用系统设计会有较大的发展。因此，对单片机的理解可以从单片微型计算机、单片微控制器延伸到单片应用系统。

单片机就是一个不断"读取指令 - 分析指令 - 执行指令"的过程。单片机的程序以一条一条指令的形式存放在程序存储器中，单片机开始工作后，就从程序存储器的特定位置开始读取指令，然后由单片机内部的控制器对指令进行分析，根据指令要求，进行"取数、送数、算术运算、逻辑运算、跳转"等基本操作中的一种或几种，这些操作都在一个规定的周期内完成，然后到下一个存储器单元中取指令，重复刚才的操作（当然，这些要执行的操作具体内容可能与上一次不一样），如此不断重复，直到断电为止。

一般常见的储存器用一个小的八角码片储存数据即可，这个小八角码片在行业里有个名称，叫作 EEPROM。

汽车电器中有很多这种型号的 EEPROM，通常看到 EEPROM 有很多数字和英文，其实这些都是厂家为了区分自己的产品而打上去的。在汽车电子控制器中，常遇到的就是以下几种八角 EEPROM 型号。

24 系列：如 24C01、24C01A、24C01B、24C02、24C04 等。

25 系列：如 25010、25020、25040、25080、25128 等。

93 系列：如 93C86、93C46、93C56、93C76 等。

95 系列：如 95040、95080、95160、95128 等。

以上型号尾数越大，表示容量越大，如 24C08 肯定比 24C01 的容量要大。

至于有些型号在前面、后面或者中间多了些字母，则为厂家的识别代码。不要被这些识别代码扰乱视线。如 93C46、93LC46、93A46、ST93C46 等，其实都是一样的。还有一种掩码标识方法，不经常遇到。如八角码片上标识 R57，其真实型号就是 93C56。还有一种标识，八角码片上面标识 02，其实真实型号就是 24C02。还有的真实型号写在八角码片的旁边。

八角码片有很多种，如果一个一个看型号进行区分会很浪费时间，那么如何快速找到需要的八角码片呢？其实只要掌握一个规律即可，EEPROM 一般都是布局在 CPU 附近，所以找 EEPROM 八角码片时，只要找到大 CPU 附近的八角码片，就会变得很容易了。

　　八角码片外观如图 1-3-2 ～图 1-3-4 所示。

图 1-3-2

图 1-3-3

图 1-3-4

八角码片第一角位置区分：红点标记是 1 脚，如图 1-3-5～图 1-3-7 所示。

图 1-3-5

图 1-3-6

图 1-3-7

第四节　编程器的使用

编程器在电子技术领域使用很广泛，而且有很多型号，修手机、修计算机等电器时都会用到。市面上销售的编程器不少于 100 种，它们都用在不同的电子领域。而在汽车电子领域中，也有专门为这个行业设计的编程器，在日后工作中经常用到，它是这个行业里面的基本工具，就如军人上战场要带枪一样，我们要用它来读取八角码片 EEPROM 的数据。

常见的编程器有以下几款。

【数码大师 3】　南宁研华公司生产的数码大师编程器，是老品牌，已经在行业内深入人心。

数码大师 3 的主要功能是码片和 CPU 数据读写、里程调校和气囊数据修复。80％的车型几乎都是"傻瓜式"操作，即使新手也很容易在短时间内学会（图 1-4-1）。

图 1-4-1

【X-PROG 编程器】　简称 XP 编程器。正版 XP 编程器是国外生产的，价格高，全英文菜单。我国为了方便使用，把它复制变为适合我们使用的编程器，并且也做了汉化，同时加入了国产车的接线图纸，价格也相对便宜（图 1-4-2）。

图 1-4-2

♪【VVDI 超级编程器】 深圳秃鹰公司研发的 VVDI 超级编程器，其功能主要是各种 CPU 和码片读写、各种电脑的读写编程操作（图 1-4-3）。

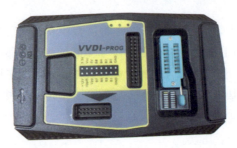

图 1-4-3

♪【CG-Pro 编程器】 深圳长广科技公司研发的一款新的编程器，此设备与 CG100 互补。功能有单片机和 CPU 数据读写、里程调校和气囊数据修复、发动机数据修复、钥匙匹配、网关数据修复等（图 1-4-4）。

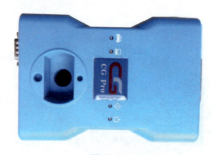

图 1-4-4

♪【CG100-Ⅲ代编程器】 此设备是深圳长广科技公司生产的一款汽车电脑通用编程器，具备各种编程功能，操作各种芯片的读写，进行各种模块的修复，其产品分标准版和全功能版。标准版的功能包括各种芯片的读写，各种电脑模块的修复；全功能版包括了标准版的功能，带一个全功能版的适配器，增加了宝马、路虎等车型的写钥匙功能（图 1-4-5）。

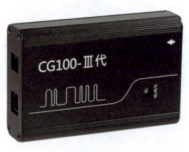

图 1-4-5

对于新手来说，这么多的编程器，应该选哪一款呢？我们的经验总结是，数码大师在一般车型里程调校、气囊数据修复、读写数据方面比较出色、稳定，特点是操作人性化，每一步都有提示，接近"傻瓜式"。VVDI 超级编程器在读写 CPU 数据方面有优势，可读类型也多，继承了 XP 编程器的强大数据读写能力。以下介绍基本使用方法。

【操作方法】以数码大师 3 为例，在计算机中安装好软件，再连接硬件，就可以打开编程器软件进行操作（图 1-4-6 和图 1-4-7）。

图 1-4-6

93C06	S220	93LC86	24C44	X5045	95P04	车标准93C46	89102
93C14	93C66	24C01	25010	25080	95128	24C02A	CXK1011P
93C46	68343	24C01A	25020	95080	95320	ST14771	85C72
93LC46	93LC66	24C02	95020	25160	MX29F800B	95160	85C82
C46M6	C66M6	24C04	25040	25170	ST29F800B	95010	85C92
S130	93CS66	24C08	95040	25320	AMD29F800B	24C128	3132
93C56	B58(BOSCH)	24C16	25043	25640	FUJITSU29F800B	24C256	PDH004
93LC56	B58252	24C17	25045	35080	MX29F400B	95P08	D6253
93CS56	93C76	24C32	X25043	59C11	ST29F400B	95P01	D6254
FUJITSU29F400B	93C86	24C64	X5043	97101	AMD29F400B	95P02	

图 1-4-7

在上面的界面中，选择一致的型号，把八角码片安装到编程器的适配器上，就能读出 EEPROM 中的数据。数码大师这款编程器，集合了读取八角 EEPROM 数据功能，并且根据行业需求，加入了仪表调校、气囊数据修复、防盗密码读出功能等，全部都是"傻瓜式"操作，所以特别适合新手使用。

第二章
汽车里程数据的修改方法

第一节 汽车里程表调校

绝大多数车型，里程数据都存储在仪表里的八角码片 EEPROM 中，只要修改里程表中的 EEPROM 数据，就可以改变显示的里程数。部分车型，里程数据存储在仪表里的 CPU 中，只需要修改里程表中的 CPU 数据即可。也有的里程数据不仅存储在仪表中，还存储在车身电脑 BCM 内，修改里程数时，还需要拆下车身电脑和仪表，这种调校一般难度大，风险大，容易出问题。

里程数是用 16 进制进行记录，而且有一套算法，一般是几个 16 进制数据相加，再转换成 10 进制，才能显示出来。在汽车仪表中，每个品牌车型的里程数算法和记录方式都不同，因为每个品牌车辆都有一套自己的算法，我们并不用刻意去记录算法。现在科技很发达，设备厂家已经把绝大部分车型的里程数算法做成了一个软件，只要把数据读出来，软件就会自动算出当前里程数，如需修改，输入想要的里程数，软件就会自动修改里程数据，还会提示你把修改好的数据反写回码片就行了，完全就是"傻瓜式"操作。

【数据查看方式】读出来的数据在设备软件中直接显示出来，例如数码大师3（图2-1-1）。

如图 2-1-2 所示，绿色区域是数据的行数，红色区域是读出的 16 进制数据，蓝色区域是数据明文区。读出的数据一般是指红色区域里的 16 进制数据。每行由 16 个字节组成，例如我们需要查的数据 38DF 1EF8，如图 2-1-3 所示，那么表达出来就是 0000C0 行的第 9～12 字节。

【调表案例】2009年产三菱欧蓝德，原始里程数是98572km。只需拆下仪表，焊接八角码片 EEPROM 93C86，读取数据调校。

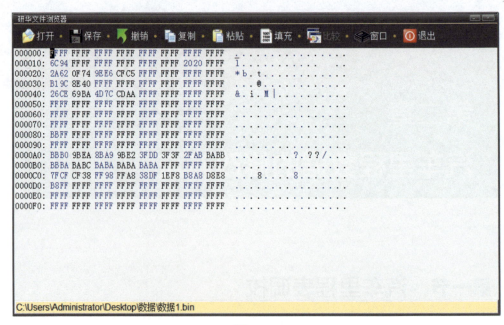

图 2-1-1

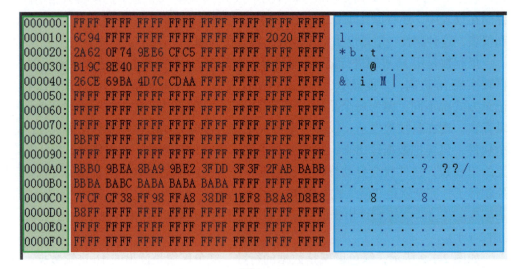

图 2-1-2

具体操作如下。

 步骤一： 拆下仪表（图 2-1-4），焊接八角码片 EEPROM 93C86（图 2-1-5）。

图 2-1-3

图 2-1-4

图 2-1-5

🎵 **步骤二：** 打开数码大师 3 软件，进入仪表系统（图 2-1-6）。

图 2-1-6

🎵 **步骤三：** 进入"日韩车系"（图 2-1-7）。

图 2-1-7

♪ **步骤四**：选择"三菱"（图 2-1-8）。

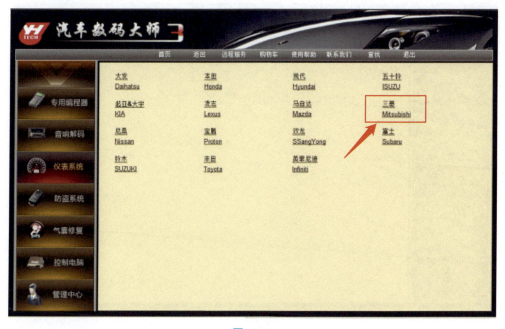

图 2-1-8

♪ **步骤五**：选择"欧蓝德"（图 2-1-9）。

图 2-1-9

步骤六： 选择"93C86"（图 2-1-10）。

图 2-1-10

步骤七： 点击下一步（图 2-1-11），然后数码大师 3 会读出数据，自动计算出现在的里程（图 2-1-12）（注意读出数据后一定要记得保存）。

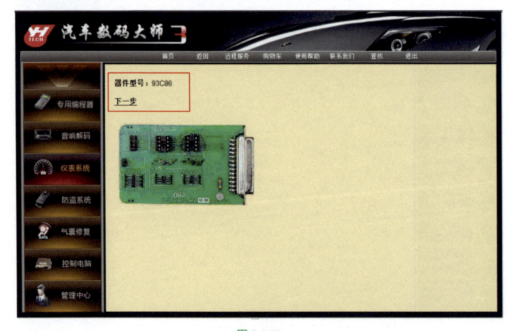

图 2-1-11

图 2-1-12

步骤八： 点击"是"，软件会提示输入想要调的里程数（图 2-1-13）（注意原车仪表里程数，显示的是公里还是英里，然后选择）。

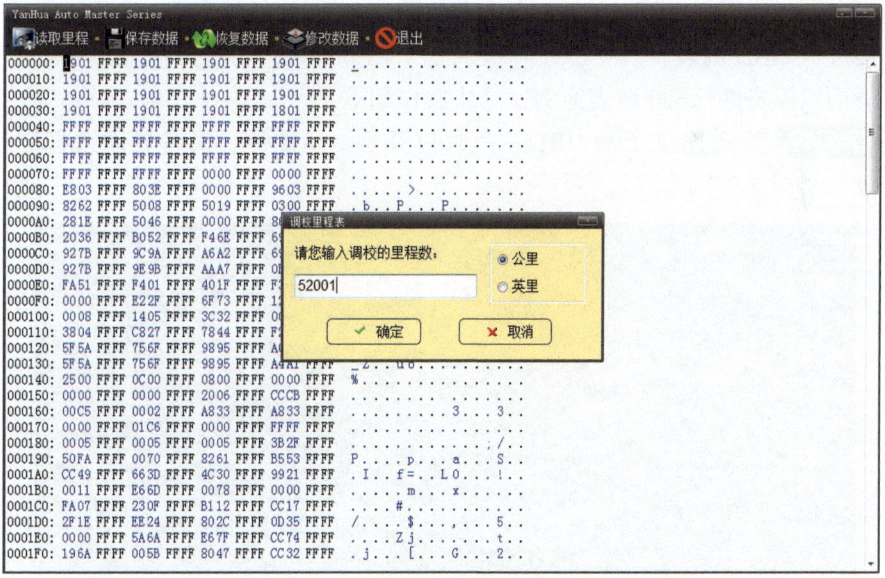

图 2-1-13

例如想要调到 52001km，就输入 52001km，然后点击确定。软件会自动修改数据，调到想要的里程数。提示数据写入成功后，退出软件，关闭编程器电源，再把八角码片 93C86 焊回仪表，装车后就会显示我们要调的里程数。

过程看似简单，实际要注意很多细节，包括最基本的焊接技巧、表针插拔、安装技巧，调好以后还要点火着车，检查仪表的各项功能是否都正常显示。我们经常遇到的问题是，调完里程表后，油表和时速表不正常，要检查安装是否有误，或者数据出了问题，若不正常则要恢复原始数据，重新调校。

> 加微信
> 15197032933
> 获赠教学视频

第二节 OBD 调表

部分车型适合通过设备连接车辆 OBD 诊断口直接调表，其操作简单，选择相对应的选项，选择车型，读取原始里程数据，输入想要调校的里程数，写入即可。例如大部分的大众、奥迪、斯柯达、通用、福特、路虎、捷豹、保时捷、现代、起亚车型，以及部分国产车型等都可以直接进行 OBD 调表，不用拆仪表。除了这些以外，其他车还是要拆仪表等用编程器调校。

可以直接进行 OBD 调表的设备很多，常见的有朗仁 i80、领世达 K518、道通 808、X300、VVDI2 等。它们之间各有优势，朗仁 i80 和领世达 K518 覆盖车型多，VVDI2 主要针对德系车型，而且这几款设备，除了可以调表外，还有配钥匙功能等。

【OBD 调表案例】2008 年产大众帕萨特 B5，原始里程数 150189km。用设备直接进行 OBD 调表。

下面以设备朗仁 i80 调表为例，具体操作如下。

步骤一：设备连接车辆 OBD，钥匙打开到 ON 挡位，设备界面选择"仪表板修复"（图 2-2-1）。

图 2-2-1

◪ **步骤二：** 选择车型品牌"大众"（图 2-2-2）。

图 2-2-2

◪ **步骤三：** 选择车型"帕萨特"（图 2-2-3）。

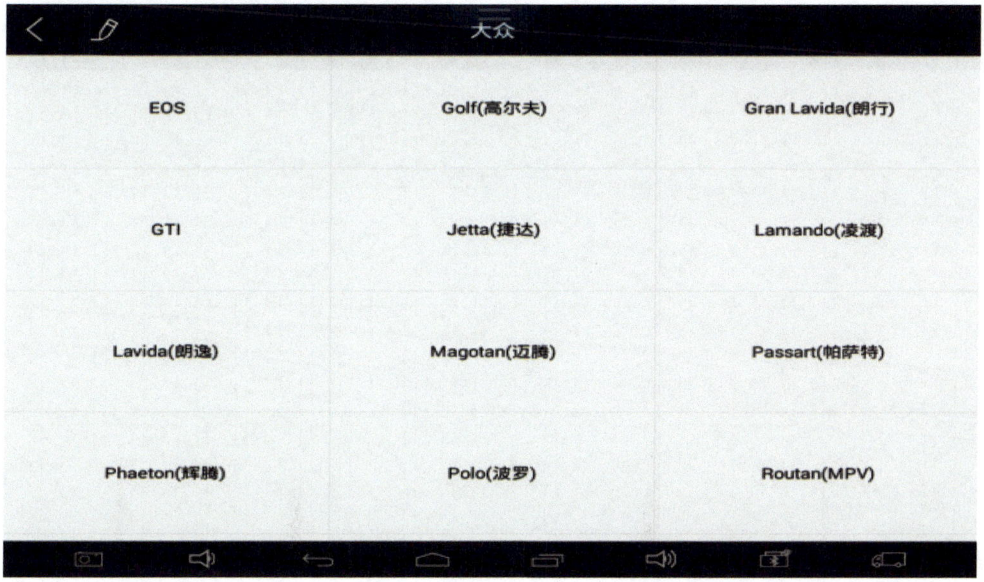

图 2-2-3

📌 **步骤四：** 选择具体车型"帕萨特 B5"（图 2-2-4）

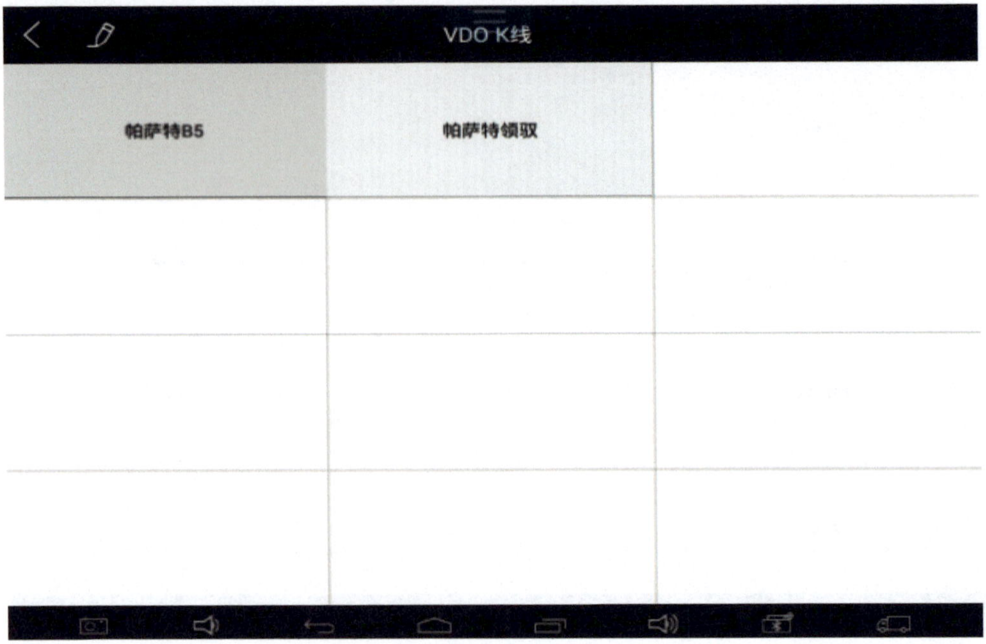

[图：VDO K线 - 帕萨特B5 / 帕萨特领驭]

图 2-2-4

📌 **步骤五：** 选择年款"2001-"（图 2-2-5）；设备提示正在读取数据（图 2-2-6）。

[图：帕萨特B5 - -2001 / 2001-]

图 2-2-5

图 2-2-6

步骤六： 设备已读取出当前里程数 150189km，提示里程是否正确，选择"是"（图 2-2-7）。

图 2-2-7

🎵 **步骤七：** 设备显示"请输入想要更改的里程数（km）"，输入想要更改的里程数，点击"确定"（图2-2-8）。

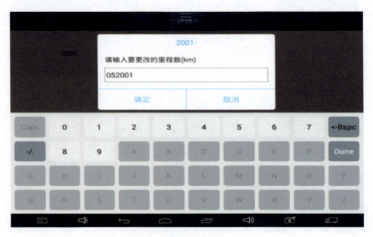

图 2-2-8

🎵 **步骤八：** 设备显示输入的里程数值，确认点击"是"（图2-2-9）。

图 2-2-9

🎵 **步骤九：** 设备显示"完成"，更改的里程数已经写入成功（图2-2-10）。

断开设备，关闭仪表，重新打开仪表，观察仪表里程数是否已经更改完成。

图 2-2-10

第三章
机械钥匙配制方法

第一节 汽车机械锁原理

机械锁是最常见也是应用最早的汽车防盗锁,现在已经很少单独使用,主要和电子式、芯片式联合使用,机械锁主要起到限制车辆操作的作用,对防盗方面能够提供的帮助有限,一般偷车者用很短的时间就能撬开车门锁和方向盘锁。

汽车机械锁原理:机械锁一般由锁芯、锁体、配件等构成(图3-1-1)。锁芯上安装有弹片,在钥匙没有插入锁芯之前,由于弹簧的弹力导致弹片有一部分在

图 3-1-1

锁芯外，这样锁芯就是一个不规则的圆柱体，不能在锁体中转动。当钥匙插入锁芯后，钥匙上面的齿就会顶住锁片，使锁片往回缩，缩到与锁芯平齐，这样锁芯就变成了一个规则的圆柱体，可以在锁体中自由旋转。锁芯在一个特定的方向上旋转就可以带动后面的机械结构或者电子开关，使锁块解锁。

汽车上的机械锁，常见的一般有点火锁、左右门锁、后备厢锁、杂物箱锁等（图 3-1-2），有些车上还有前机盖锁、油箱盖锁、扶手箱锁等。

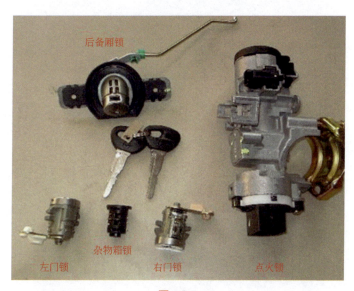

图 3-1-2

第二节　点火锁结构原理

汽车锁系统中，点火锁的结构比较复杂，它集安全、防盗、人性化操作等多种功能于一体，包括钥匙齿槽形防盗、编码互开率、电子密码防盗钥匙、防盗识读线圈、方向锁、防锁芯机械破坏、电磁阀防熄火（自动挡）、点火锁背光灯、钥匙未拔提醒、防二次启动等一系列功能。无钥匙启动和一键式启动也在多种车型上广泛运用。

汽车常用点火锁芯一般采用弹子结构和片簧式结构。由于弹子结构对制造精度要求较高，对使用环境要求苛刻等，故仅用在车身内点火锁的设计中，神龙富康（钥匙外观如图 3-2-1 所示）、雪铁龙爱丽舍、吉利自由舰、力帆 520 等车型用弹子结构的锁芯（图 3-2-2）。大多数品牌车型均采用片簧式结构。

图 3-2-1

图 3-2-2

点火锁又名点火开关,是一个多挡位开关(图 3-2-3),需用相应的钥匙才能对其进行操作,其总成结构由锁芯、铝座、点火开关组成(图 3-2-4),钥匙插入点火锁芯后往前拧动,带动机械,通过传动拧开点火开关。点火锁通常用于控制点火电路、仪表电路、电控系统(发动机)、启动电路及辅助电器电路(除防盗器和大部分汽车喇叭电路、警示灯、危险警报灯以及部分汽车小灯外)等。

第一道:LOCK。锁死汽车,一般的车钥匙放到这个挡位就会锁死方向盘,方向盘不能有太大的转动。

第二道:ACC。全车附件除电控系统(发动机)外全部供电,如收音机、车灯、音响等都可以使用。

第三道：ON。全车电气设备都可以使用，仪表盘被点亮。
第四道：START。发动汽车，启动后自动回到 ON 位置。

图 3-2-3

图 3-2-4

第三节　机械钥匙区分和做齿

　　如今汽车种类越来越多，当然汽车钥匙种类也越来越多，目前为止汽车上的机械钥匙大概有150种左右，每种机械钥匙坯子的形状都是不一样的。为了方便认识，我们将每种形状的机械钥匙坯子都做了相应的编号，例如尼桑天籁钥匙坯子编号是22（图3-3-1）。

图 3-3-1

汽车机械钥匙分为平铣钥匙（图 3-3-2）和立铣钥匙（图 3-3-3）。

图 3-3-2

图 3-3-3

平铣钥匙开齿时，钥匙机铣刀走的轨迹是钥匙坯子宽度的两边，使用平铣钥匙机（图 3-3-4）。

图 3-3-4

立铣钥匙开齿时，钥匙机铣刀走的轨迹是钥匙坯子的内侧或外侧，铣刀是立着的，使用立铣钥匙机（图 3-3-5）。

图 3-3-5

平铣的钥匙分为左手带肩膀（图 3-3-6）、右手带肩膀（图 3-3-7）、左手不带肩膀（图 3-3-8）、右手不带肩膀（图 3-3-9）。

图 3-3-6

图 3-3-7

图 3-3-8

图 3-3-9

立铣的钥匙分为内铣两轨迹带肩膀（图 3-3-10）、内铣四轨迹不带肩膀（图 3-3-11）、侧铣两轨迹带肩膀（图 3-3-12）、侧铣四轨迹不带肩膀（图 3-3-13）。

内铣两轨迹带肩膀

图 3-3-10

内铣四轨迹不带肩膀

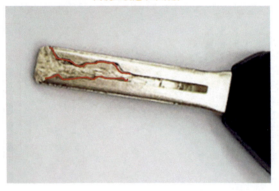

图 3-3-11

侧铣两轨迹带肩膀

图 3-3-12

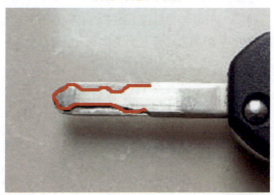

图 3-3-13

当一把钥匙插入锁芯时,钥匙插入到一定位置而不能继续向前移动,这是因为钥匙是有定位的,有些钥匙在其尖端定位,有些钥匙在其肩膀处定位。

平铣钥匙带肩膀的,用钥匙机开齿时需要肩膀定位(图 3-3-14),每次定位时都需要校准铣刀。平铣钥匙不带肩膀的,需要在钥匙尖定位(图 3-3-15),每次定位时都需要校准铣刀。校刀时,校准的是原车钥匙和新钥匙坯子的宽度。

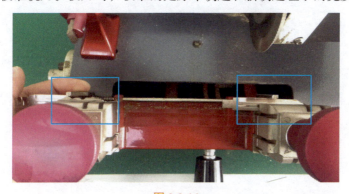

图 3-3-14

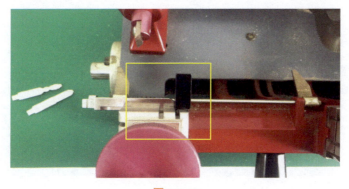

图 3-3-15

立铣钥匙和平铣钥匙一样，带肩膀的，用钥匙机开齿时需要进行肩膀定位（图 3-3-16）；不带肩膀的，在钥匙尖定位（图 3-3-17）。每次定位都需要校准铣刀，校刀时，校准的是钥匙中间的厚度，厚度不能大于 1mm（图 3-3-18）。

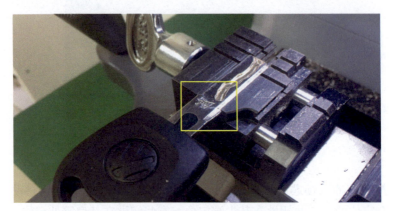

图 3-3-16

图 3-3-17

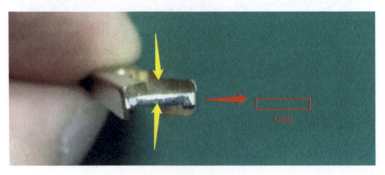

图 3-3-18

第四节 钥匙机介绍

用钥匙机配制汽车机械钥匙时,要掌握钥匙的定位,校准铣刀。平铣钥匙机专门配制平铣钥匙,每次换面都要校准,这样做出来的钥匙齿和原车的钥匙齿齿深就一样了,锁芯才好拧。而立铣钥匙机专门配制立铣钥匙,做齿之前要调好钥匙的厚度,厚度不能超过1mm,超过1mm会导致新钥匙不好用。

钥匙机种类很多,有手动钥匙机和数控钥匙机。手动钥匙机分两种:平铣钥匙机(图3-4-1)和立铣钥匙机(图3-4-2)。数控钥匙机种类也很多,目前行业市场里卖得最好就是E9Z数控钥匙机(图3-4-3)和秃鹰数控钥匙机(图3-4-4)。

图 3-4-1

图 3-4-2

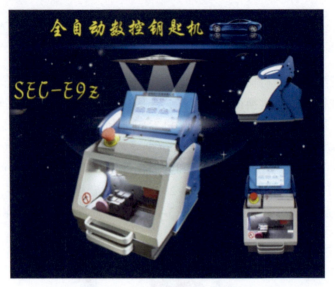

图 3-4-3

图 3-4-4

这两种数控钥匙机有各自的优势，都能配制平铣和立铣的机械钥匙，全部是自动化，方便工作，可以节省出很多时间。数控钥匙机主要功能有复制钥匙、代码查齿、缺齿查询等。操作简单，可用于在无钥匙状态下配钥匙，非常适合于无钥匙状态下不会配制钥匙者。当有钥匙时，只需按步骤输入齿号，即可配制新钥匙；当钥匙丢失时，输入相应锁头上的号，即可配制新钥匙，也可输入相应的钥匙代码，配制新钥匙。

第五节　二合一工具介绍

二合一工具又叫李氏工具，李志勤拥有该工具的专利权。

这款工具按照门锁弹片数量、弹片位置、锁芯结构、钥匙坯子的形状精心制作；钥匙坯子有多少种类，二合一工具就有多少种类，都是专车专用的，其携带方便、使用快捷、方法易懂。每种二合一工具上面都有该车钥匙坯子编号相对应的 Silca 代号。例如大众二合一工具，上面印有 HU66 字样，HU66 是 Silca 代号，代表大众钥匙坯子编号 31（图 3-5-1）。

图 3-5-1

此工具的主要功能是无损打开车门，还可以读出齿形号，把齿形号直接输入数控钥匙机就可以做出钥匙，既方便，又省时省力。

有钥匙时配置钥匙，可以用手动钥匙机或数控钥匙机直接复制钥匙。若钥匙丢失，配钥匙则比较困难，首先需要打开车门，获取该车钥匙的齿号，有了钥匙的齿号，可以直接输入数控钥匙机做出钥匙，或者用剪齿钳做出钥匙。剪齿钳只适合于配置平铣车型的钥匙（图 3-5-2）。

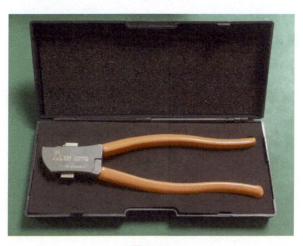

图 3-5-2

钥匙齿号的获取方法如下。

❶ 可以拆下门锁，分解锁芯，查锁片上的号，例如大众B5（图3-5-3）。

图 3-5-3

❷ 部分车型可以查看门锁上钢印的钥匙数据号，即CODE号，例如丰田、马自达等（图3-5-4）。

CODE号：12191

图 3-5-4

❸ 还可以查看钥匙挂牌上的数据CODE号（图3-5-5）。

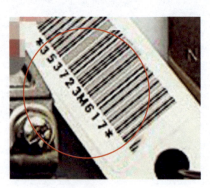

图 3-5-5

❹ 还有一部分车型可以通过车架号查询获取钥匙数据 CODE 号，例如现代、起亚、标志、雪铁龙等。

❺ 通过防盗电脑里的数据信息查看钥匙数据 CODE 号，例如宝马（图 3-5-6）。

图 3-5-6

有了钥匙的齿号，将其输入数控钥匙机，选好车型选项，输入齿号或数据 CODE 号，放好新钥匙，根据数控钥匙机的提示就可以做出和原车一模一样的钥匙；或者用剪齿钳剪出新钥匙，但是需有稳定的手法和高超的技术，对该车锁芯钥匙齿很了解，才能剪出一把完整、好用的钥匙。

以二合一工具开锁读号，用数控钥匙机配钥匙为例介绍如下。

这里说明一下，二合一工具是按照"门锁"做的，那么读的齿号是门锁的钥匙号，做出的钥匙只能打开车门。

部分车型，门锁与点火锁钥匙齿位有差距，因此还需要把门锁与点火锁差的齿位上的号做出来。针对某一种车型钥匙来说，它总是在固定点位开出牙花（即齿深），这些牙花所在的位置就是齿位（图 3-5-7）。不同的锁对应钥匙齿位的数量和间距有差异，所以要对该车锁的结构有所了解。

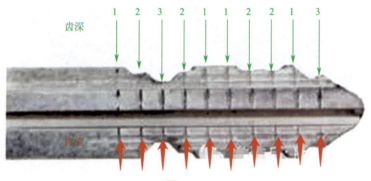

图 3-5-7

下面以常见的几款品牌车为例（以二合一编号为例），介绍怎样将点火锁差的齿位上的号做出来。

🗝【HU66】大众车系，钥匙坯编号是31，内铣钥匙，如图3-5-8所示，适用于布加迪、兰博基尼、保时捷、宾利、大众、奥迪、斯柯达、西雅特、荣威550、长城C30、中华V5等车型。

门锁开启往车头的方向，开启后正读齿。

图 3-5-8

车锁简介：此锁钥匙齿共8个弹片位。4个齿深，最深的为4号齿，最浅的为1号齿。在门锁、点火锁与后备厢锁上都有8个弹片。通过门锁芯或后备厢锁读齿号都可以做出点火锁钥匙。

HU66的锁有两种弹片排列组合：一种是1、3、5、7和2、4、6、8排列；另一种是1、2、5、6和3、4、7、8排列（图3-5-9）。

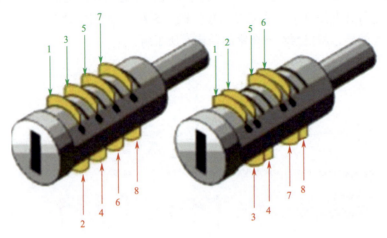

图 3-5-9

弹片号1、2、3、4和11、12、13、14如图3-5-3所示；弹片号1、2、3、4和弹片号11、12、13、14的齿号深度是一样的，即1=11、2=12、3=13、4=14。只是这两种弹片排列组合的锁用的弹片号和摆放的位置不一样，1、3、5、7和2、4、6、8排列的锁芯，用的弹片号是1、2、3、4。1、2、5、6和3、4、7、8排列的锁芯，用的弹片号是1、2、3、4和11、12、13、14。

【NSN14】尼桑车系，钥匙坯编号是22，平铣钥匙，如图3-5-10所示，适用于英菲尼迪、斯巴鲁车型。

门锁开启往车尾的方向，开启后正读齿。

图 3-5-10

车锁简介：此锁钥匙齿共10个弹片位。4个齿深，最深的为4号齿，最浅的为1号齿。点火锁有10个弹片，齿位置是1～10位；门锁有8个弹片，齿位置是3～10位。门锁和点火锁相差的是第1、2齿位。这相差的第1、2号齿位，可以通过数控钥匙机里的缺齿查询功能查出来（图3-5-11）。

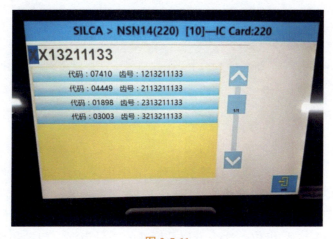

图 3-5-11

弹片号是 1、2、3、4（图 3-5-12）。

> **提示：**
> 在做钥匙时，一般使用门锁芯来做钥匙。但是门锁上只有 8 个齿位，所以使用"二合一"工具读取 8 个齿深后，还有 2 个齿深不知道。此时就可以用数控钥匙机的缺齿查询功能把缺的 1 号和 2 号齿深查询出来，于是就可以做出一把完整的钥匙了。

1～4号尼桑平铣锁片

图 3-5-12

【TOY43AT】 丰田车系，钥匙坯编号是 02，平铣钥匙，如图 3-5-13 所示，适用于部分比亚迪车型。

门锁开启往车尾方向，开启后正读齿。

图 3-5-13

车锁简介： 此锁钥匙齿共 11 个弹片位。4 个齿深，最深的为 4 号齿，最浅的为 1 号齿。点火锁有 10 个弹片，齿位置是 1～10 位；门锁有 8 个弹片，齿位置是 3～10 位；杂物箱锁只有 7～10 这 4 个齿位弹片。后备厢锁有 8 个弹片，齿位置是 3～11 位，里面多了第 11 号齿位，这个齿位是标准的 2 号齿深。门锁和点火锁相差的是第 1、2 齿位。这相差的第 1、2 号齿位，可以通过数控钥匙机里的缺齿查询功能查出来。

弹片号是 1、2、3、4（图 3-5-14）。

1~4号丰田平铣锁片

图 3-5-14

🔰【TOY48】丰田车系，钥匙坯编号是 77，立铣钥匙，如图 3-5-15 所示，适用于雷克萨斯、丰田皇冠及丰田高配小钥匙的车型。

门锁开启往车尾的方向，需要开启 2 次，开启后正读。第一次开启会在 45°的位置卡住，此时因为还有半片为阻力弹片，解除后锁芯才可以转至 90°，锁才能开启。开启后还会在 45°位置卡住，仍需解除阻力，弹片才能回位。

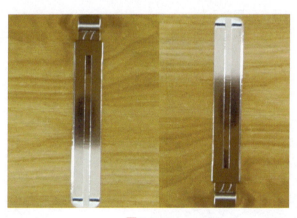

图 3-5-15

车锁简介：此锁钥匙齿共 10 个弹片位。3 个齿深，分别为 1、3、5，最深的为 1 号齿，最浅的为 5 号齿。在门锁、点火锁与后备厢锁上都可以找到 10 个弹片。该锁是由 10 个半片合成的 5 组整片，又分成 A 组和 B 组，A 组有 5 个弹片，B 组有 5 个弹片（图 3-5-16）。

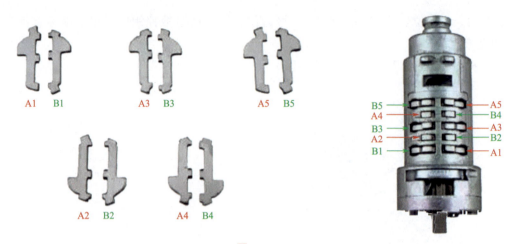

图 3-5-16

二合一读齿方法：推杆向左加力，并压紧。此时，用撬杆 A 逐个去压它所能触及的弹片。压紧后，撬杆所指示的数字，即为该弹片对应的齿号。依据此法，向右推推杆并压紧。用撬杆 B 逐个去压紧它所能控制的每个弹片，这样就可读出 B 组齿号。

注释：

❶ 此方法可简记为"左加力读 A，右加力读 B"。

❷ 读号时需用撬杆压紧弹片，但不要"压动"，如果弹片发生了像开锁时的那种移动，则不能读号，须重新开始。

❸ 此方法并不适用于每一款车锁。该方法能实现的基础完全取决于锁芯内部结构。

弹片号是 1、3、5（图 3-5-17）。

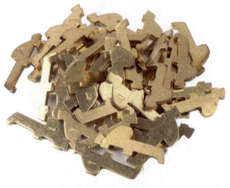

1~3号丰田立铣锁片

图 3-5-17

🗡【MAZ24】马自达车系,钥匙编号是27,平铣钥匙,如图3-5-18所示。

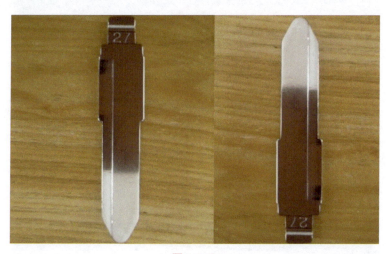

图 3-5-18

门锁开启往车尾方向,开启后正读。

车锁简介:此锁钥匙共 10 个弹片位。5 个齿深,最深的是 5 号齿,最浅的是 1 号齿。点火锁有 10 个弹片,齿位置是 1～10 位,门锁有 8 个弹片,齿位置是 3～10 位。门锁和点火锁相差的是第 1、2 齿位。这相差的第 1、2 号齿位,可以通过数控钥匙机里的缺齿查询功能查出来。该款车门锁有钥匙的数据 CODE 号(图 3-5-19),把 CODE 号输入数控钥匙机,就能查出完整的钥匙齿号(图 3-5-20 和图 3-5-21)。

编码所在位置

图 3-5-19

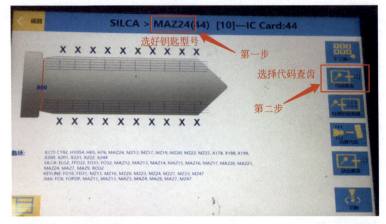

图 3-5-20

图 3-5-21

弹片号是 1、2、3、4、5（图 3-5-22）。

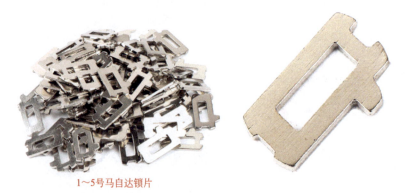

1～5号马自达锁片

图 3-5-22

🗝 【HON66】本田车系，钥匙编号是25，立铣钥匙，如图3-5-23所示，适用于讴歌车型。

图 3-5-23

门锁开启往车尾方向，需要开启2次，开启后正读。第一次开启会在45°的位置卡住，此时因为还有半片为阻力弹片，解除后锁芯才可以转至90°，锁才能开启。开启后还会在45°位置卡住，仍需解除阻力，弹片才能回位。

车锁简介：本田钥匙齿共6个齿深，最深的为6号齿，最浅的为1号齿。在门锁、点火锁与后备厢锁上都可以找到钢印的钥匙数据CODE号，一般以字母L/M/N开头（图3-5-24）。

图 3-5-24

这款锁是外铣4轨迹，就是在钥匙边上4个面，同时都有工作点（图3-5-25），它分为6个齿位，6个齿深，但是它的6齿位全部都是1号齿深。

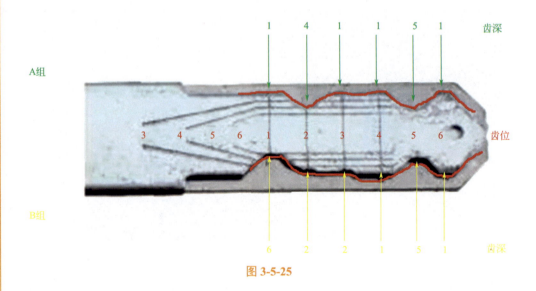

图3-5-25

在A组的5号齿位上，主钥匙全部是5号齿深。在车门锁芯里没有A组的1号齿位，只有点火锁里面有，点火锁的A组1号齿位只有1、2、3号齿深；B组的5号齿位，也只有3号或5号齿深。

配钥匙的时候记住：在数控钥匙机上输入齿号时，A组的5号齿位都输入5，A、B组的6号齿位都输入1，点火锁1号齿位第一次输入1，第二、第三次分别输入2和3。

A组一面只有3号齿位有弹片；另一面只有2号、4号齿位有弹片，1号、3号、5号齿位没有。

B组一面的1号、3号、5号齿位有弹片，2号、4号齿位没有；另一面的2号、4号齿位有弹片，1号、3号、5号齿位没有（图3-5-26）。

开启方法：开启后正读齿号。

首先测试A组一面的2号、4号齿位，然后测试A组另一面的3号齿位，把不动的齿位点动，注意手用力不要很重，这个锁A组很容易推到位，不要点过。接着测试B组的2号、4号齿位，然后是B组的1号、3号、5号齿位，把不动的齿位点动，动则无需理会，注意控制手的力度。A、B组都点到位后，会转动45°，此时还要继续开启A组，还是先测试A组3号齿位，再测试A组2号、4号齿位。全部开启后，先读齿，把齿深号记录下来，然后回位（图3-5-27）。

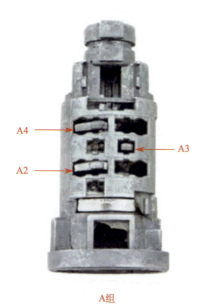
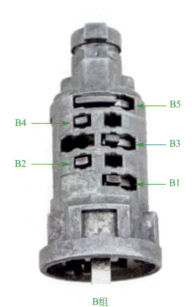

A组　　　　　　　　　　　　　　　B组

图 3-5-26

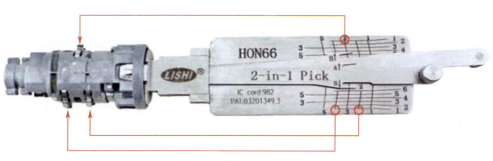

A组

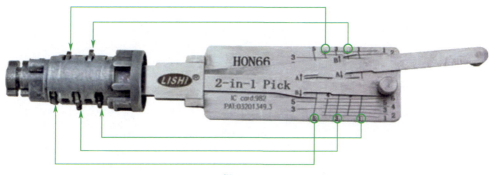

B组

图 3-5-27

弹片号是1、2、3、4、5、6（图3-5-28）。

1~6号本田立铣锁片

图 3-5-28

第四章
汽车防盗系统的认识

第一节 汽车防盗系统介绍

现代汽车上有一套精密的防盗系统，这套系统可以在最大限度上防止车辆被盗和启动。懂得汽车防盗的基本原理之后你会发现，对于一辆汽车，即使真的能够掏出那两根电线，你也开不走。

我们经常看到影视作品中的人物撬开车门或砸碎车窗，准确拆出方向盘下的两根导线搭火偷车的桥段。事实上，对于早期的汽车来说，或许影视作品中导线搭火的方法确实可行，但随着汽车电子技术的发展，如今的汽车几乎都配备了电子防盗系统，因此那些盗车情节再也照不进现实。

近年来生产的轿车大多安装了微电脑控制的智能型电子遥控防盗器。当盗车者接近或进入汽车时，它会发出蜂鸣、警笛、灯光等信号，这样既可吓跑盗车者，又可引起路人的注意。

装有这类防盗器的汽车通过车门传感器进行检测，并将检测的信息传送给汽车的防盗电控单元，一旦车门被非法打开，防盗电控单元便会命令执行机构做出相应的反应。当电子式防盗系统被激活之后，若有人非法打开车门、砸碎玻璃、接通点火开关，防盗器会立即报警。报警的方式有灯光闪烁、笛声长鸣、发射电波。有的车型在报警的同时切断启动电路、切断燃油供给、切断点火系统、切断喷油控制电路、切断发动机控制单元搭铁电路，甚至切断变速器控制电路，从而使汽车发动机不能启动和运行。

甚至，装备有更复杂的发动机防盗锁止系统（IMMO），主要通过将加密的芯片置于钥匙中，在打开点火开关的过程中，通过车身的射频收发器验证钥匙是否匹配来控制发动机。所以盗车者即便是越过了车门这一关，在车内也会被这些防盗系统感知到,以此触发自我保护程序。

现在的汽车领域中,遥控门锁系统(RKE)和发动机防盗锁止系统(IMMO)应用最广泛。

第二节 遥控器的原理

遥控器是大家经常见到的,按下遥控器车门就会上锁或者打开,这种操作很方便。在没有遥控器之前,大家也许都见过,使用机械钥匙锁一个车门,那么其他车门就全部同步上锁或者打开。这样操作比较烦琐,所以人们发明了电子遥控器(图4-2-1)。

图 4-2-1

遥控门锁系统(RKE)的主要工作原理是通过车主按下钥匙上的按钮,钥匙端发出信号,信号中包含相应的命令信息,然后通过调制将信号加载到无线电波上去。车上有无线电接收器,无线电接收器接收到频率信号以后,再解调,经过车身控制模块(BCM)认证后,将信号分离出来,由执行器实现启/闭锁的动作(图4-2-2)。

图 4-2-2

在这里，需要研究以下几个问题。

❶ 无线电频率。汽车的遥控器信号是通过无线电波发出来的。无线电波有一定的频率，在国内，常见的无线电频率有315MHz、433MHz、868MHz等。

❷ 频率确定了，接下来再学习遥控器的载波数据。遥控器的载波数据有各种加密方法，也有不加密的。加密方法有固定码加密和滚动码加密。"码"就是加载在无线电波上面的信号（开锁、闭锁、开后备厢、报警、寻车），每个功能对应一个功能码。当然不是一个功能码就行的，为了确保信号的稳定传输，在功能码的前面还有前寻码，系统码 最后还会有一个功能反码。

固定码的原理：所谓的固定码就是遥控器发出的地址编码数据是固定不变的。编码为2262、2260、5026-1、5026-2、5062-3、5062-4、FP527、SMC918、PT2240、PT2262、EV1527等芯片的遥控器使用固定码。

例如开门的固定码为11001100（厂家自定义的），那么每一次开门遥控器都会发出这样一个功能码，车载遥控器接收盒接收到后就会执行。当然这种方式比较容易破解，被复制。所以现在使用固定码的汽车遥控器很少了，一般只有加装的遥控器套件才会使用。

滚动码的原理：滚动码就是可变码，可变码的功能码每次都会按照内置的公式进行计算。这一次发送完功能码过后就计算下一次的功能码，所以每一次发送的功能码都不相同，即每按一次遥控，码都会有所变化。滚动码遥控器保密性比较好，目前应用越来越广泛，特别适用于汽车防盗器、电动车库门、安防设施等。编码芯片以HCS开头，如HCS200、HCS201、HCS300、HCS301等。

第三节　遥控器的制作与匹配

了解了汽车遥控器的工作原理后，下面研究下汽车遥控器的匹配方法。在匹配遥控器之前，要先知道一件事，即遥控器采购的问题。

汽车遥控器的采购： 目前主流的是使用一种叫作子机的通用型遥控器，或者采购原车遥控器。

通用型遥控器是指购买回来的是一个空白遥控器，里面没有任何车型的数据，在使用时要配套使用该子机的主机，例如KD600（图4-3-1）、VVDI手持机（图4-3-2）之类的设备，进行数据的写入。

这样的话，采用一个通用型遥控器就可以制成各种车型的遥控器，不用购买原车的遥控器，可以降低成本，减轻备货的负担。而且该主机配套的子机有各式各样的外观，有的和原车外观一样（图4-3-3）。

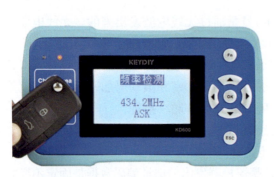

KEYDIY
频率检测
434.2MHz
ASK
KD600
Fn
OK
ESC

图 4-3-1

Xhorse
VVDI
OK
KEY TOOL

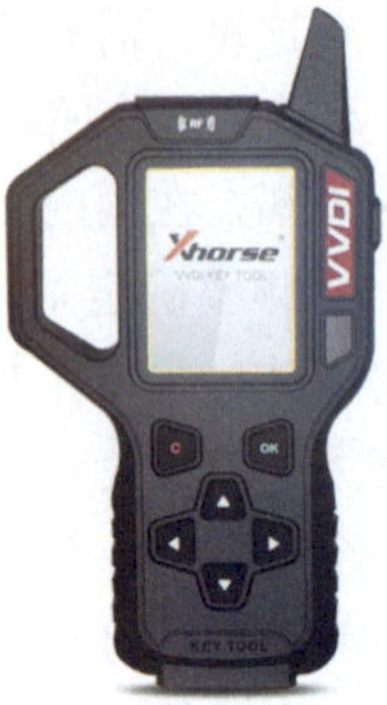

图 4-3-2

A01至尊黑
A01至尊蓝
A01至尊绿
A01至尊黄
A01至尊红
A01-2
A01-2+1
A01-3
A01-3H
A02
A03
A04
A05-3
A05-3+1
A07
A09-3
A09-3+1
A10-2
A10-2+1
A10-3
A10-3+1
A11
A12-3
A12-3+1
A13
A14-2
A14-3
A14-3+1
A16
A17
A17直柄
A18
A19-2
A19-3
A19-3+1
A20-3
A20-3+1
A22
W-AD
W-BM
W-BZ

图 4-3-3

原车的遥控器都是专车专用，耗材商卖的有原厂和副厂遥控器，副厂遥控器做工稍微比原厂的差，用起来是和原车一样的。现在车型种类较多，购买存货量大，部分车型原厂遥控器难以采购，所以通用型遥控器是最佳选择，方便实惠。但是有部分车型原车遥控器目前不支持用设备进行数据写入，一般都是一些高档车型。

生成该车遥控器数据后，接下来要将这个遥控器匹配到车上去，匹配的方法有很多，可以通过资料查找，以及通过网络搜索，里面都有很多共享的资料，或者通过子机的主机查找，例如 VVDI 手持机（图 4-3-4）。

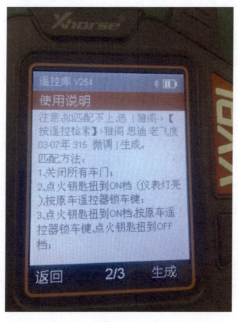

图 4-3-4

第四节　IMMO 防盗原理

　　IMMO（发动机防盗锁止系统）通过识读线圈与钥匙中的射频芯片进行通信。验证此钥匙是否为匹配过的合法钥匙。如图 4-4-1 所示，点火开关上的识读线圈会读取钥匙芯片的 ID 信息，如果与车上防盗系统 ID 是一致的，才是合法钥匙，解除防盗，允许发动机启动，否则会锁定，即使打开点火钥匙开关，发动机也无法启动。

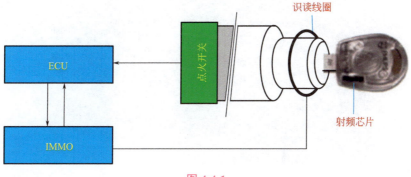

图 4-4-1

打开点火开关时，汽车上的发动机控制单元（ECU）就会发出一组加密电子编码信号给汽车钥匙里的芯片，只有当汽车 ECU 能读取并反馈接收到正确的防盗编码信号后才允许车辆启动。所以，即使一个简单的汽车钥匙，没有任何按钮，也可以通过内部的芯片编码开启和打开车辆的防盗系统。带芯片的车钥匙，需要使用专用的匹配设备才能够编程。

大多数汽车防盗系统芯片的识别，其工作原理基本都是一样的，当汽车钥匙芯片被插入到汽车的点火锁位置时，点火锁周围的感应线圈会产生一个电磁波，电磁波促使电子芯片产生一个识别码，让感应线圈读取信号，同时把信号发送到 ECU 中识别。如果 ECU 识别该信号已经在电脑储存器中，便会授权汽车上的其他元件开启并允许其执行各项操作功能，这时候汽车才可以正常启动，从而起到了防盗作用。

第五节　芯片认识和分类

芯片的外观，一般有玻璃管封装的（图 4-5-1）、陶瓷封装的（图 4-5-2）和电子芯片（图 4-5-3）三种。电子芯片是和遥控电路板一体的，芯片集成在电路板中，芯片匹配成功后遥控器自动生成，无需再单独匹配遥控。

图 4-5-1

图 4-5-2

虽然从外观看,芯片只有这三种,而实际上芯片的种类有几十至上百种,芯片的型号无法全部用眼识别,只能通过专用的芯片检测仪识别。例如"掌中宝"是汽车行业里很流行、功能很全面的芯片检测、拷贝仪器,主要功能是识别各种车型芯片数据,还能生成和拷贝大部分车型芯片(图 4-5-4);VVDI 手持机也有识别芯片、拷贝芯片和生成芯片的功能(图 4-3-2)。

图 4-5-3

图 4-5-4

♫【芯片分类】4D 类型芯片包括 4D60、4D61、4D62、4D63、4D64、4D65、4D66、4D67、4D68、4D69、4D6A、4D6B、4D70、4D72、4D82、4D83、景程专用 4D60、景程专用 4D70、凯越专用 4D70 等(4D 芯片外观都是陶瓷的)。

4C 芯片:适用于 2004 年前丰田、雷克萨斯车型,2010 年前丰田花冠、一汽威志车型。

60 芯片:P1 项为 FF,是普通 60 芯片,可被 70 芯片代替,大容量代替小容量。

61 芯片:三菱专用。

62 芯片：斯巴鲁专用。

63 芯片：福特、林肯、马自达专用，可被 83 芯片代替。

64 芯片：克莱斯勒、JEEP、公羊、道奇专用。

65 芯片：铃木 2011 年前利亚纳、2017 年前吉姆尼专用。

66 芯片：用于丰田，现在不常见。

67 芯片：丰田、雷克萨斯专用，芯片分主副。密码项 B2、D2、32、52、72 为主芯片钥匙（图 4-5-5）；密码项 92 为副芯片钥匙。

图 4-5-5

68 芯片：丰田、雷克萨斯专用，芯片分主副。密码项 B0、D0、30、50、70 为主芯片钥匙（图 4-5-6）；密码项 90 为副芯片钥匙。

图 4-5-6

69 芯片：雅马哈摩托车专用。

6A 芯片：川崎摩托车专用。

6B 芯片：铃木摩托车专用。

70 芯片：大容量的 4D60 芯片，可代替普通 60 芯片。

72 芯片：2010 年后丰田专用，又名丰田 G 芯片，可用丰田 G 专用拷贝芯片复制。

82 芯片：斯巴鲁专用，又名斯巴鲁 G 芯片。

83芯片：大容量的63芯片，又名4D63+芯片，可代替63芯片。

46类型芯片分为以下三种（7936芯片外观都是陶瓷的）。

第一种，普通46芯片，俗称PCF7936。芯片ID未加密，是空白未使用的（图4-5-7），可生成部分车型的专用芯片。适用普通46芯片的车型有尼桑、现代、起亚等。

图 4-5-7

第二种，专用46芯片，用7936芯片生成，把该车加密的数据写到芯片里，就是专车专用。适用专用46芯片的车型有三菱、标志、雪铁龙、中华、长城等。

第三种，电子46芯片，芯片集成到电路板上，与遥控电路板一体，匹配好芯片后，遥控器自动生成。适用电子46芯片的车型有标志、雪铁龙。

48类型芯片分为以下三种（48芯片外观都是玻璃管的）。

第一种，普通48芯片，全新未使用，未锁。设备测出用户1（UM1）后两个字节是"87 65"（图4-5-8）。把"87 65"改成"52 42"（图4-5-9），就是金杯和中华的专用48芯片（图4-5-10）。普通48芯片适用的车型有第七代雅阁、大众第三代防盗系统车型等。

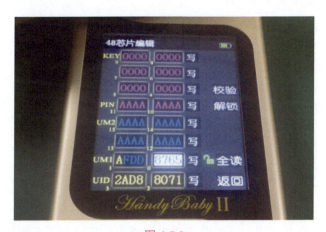

图 4-5-8

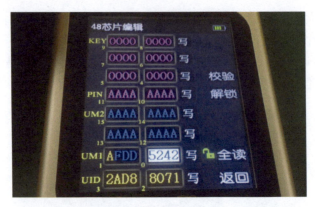

图 4-5-9

图 4-5-10

第二种，专用 48 芯片，又叫 CANBUS 芯片，用普通 48 芯片生成，适用车型有西雅特、大众、斯柯达、奥迪，以及 CAN 系统的第四代防盗（图 4-5-11）。其中，TP22 为西雅特专用 48 芯片 TP23 为大众专用 48 芯片 TP24 为斯柯达专用 48 芯片 TP25 为奥迪专用 48 芯片。

图 4-5-11

第三种，电子 48 芯片，芯片集成于电路板上，部分车型匹配好芯片后，遥控需要单独匹配。例如，大众202AD、斯柯达202H就需要单独匹配遥控。

T5类型芯片（T5芯片外观是玻璃管的）是一种可拷贝、可生成启动的芯片，并且可重复使用，它可以拷贝11、12、13、33的芯片，可生成11、12、13、33的启动芯片。11和12芯片是老款萨博和老款奔驰专用的，现在车型已经很少见；13芯片为金杯、中华、本田2.3、别克系列专用；33芯片适用于2013年前的爱丽舍、风神S30。44芯片分以下两种（7935芯片外观是陶瓷的）。

第一种，普通44芯片，俗称PCF7935。芯片的ID是空白的，未加密（图4-5-12）。用7935芯片可以生成部分车型的专用芯片（如奇瑞、海马、大众等车型）、可写入部分车型的启动芯片（如宝马、路虎等车型）。

图 4-5-12

第二种，专用44芯片，用普通44～7935芯片生成，把该车加密的数据信息写到7935芯片中，即可为该车专用。

8C芯片（8C芯片外观是陶瓷的）：只有2006年前海南马自达福美来、2008年海南马自达323专用，可用8C芯片拷贝。此款芯片市场上没有单独销售的，因为厂家制作时，芯片是被钥匙柄上的塑料包裹着的，所以只能销售一把芯片钥匙，而且价格更是昂贵，是所有芯片里面最贵的一种，售价在200元左右（图4-5-13）。

图 4-5-13

8E 芯片分以下两种（外观是玻璃管的）。

第一种，普通 8E 芯片，用于 2008 年左右的本田飞度、雅阁车型。

第二种，电子 8E 芯片，用于 2006～2012 年之间奥迪 A6L 和 Q7 折叠钥匙。

47 芯片：电子芯片，用于部分本田、国产车系等。

8A 芯片：电子芯片，用于部分丰田车系等。

4A 芯片：电子芯片，用于部分尼桑车系等。

49 芯片：电子芯片，用于部分福特车系等。

以上都是平时配汽车钥匙常见到的芯片，应详细地分出这些芯片用于什么车型，并熟记于心。

第六节　钥匙匹配方法

我们已经对汽车防盗芯片有了大概的了解，那么这些芯片到底怎么匹配到车上去呢？一般来说，常用的匹配方法有设备匹配法、数据写启动法、芯片拷贝法。

1. 设备匹配法

通过车身 OBD 等通信接口，实现匹配仪和车辆进行数据通信，验证后可以发出指令，让汽车防盗系统重新学习钥匙。

2. 数据写启动法

拆下车身防盗电脑，通过用编程器等设备，读出车辆防盗数据，然后把新的芯片钥匙信息直接写到防盗系统中。写完数据后，直接可以写启动，无需再上车匹配钥匙。

3. 芯片拷贝法

通过芯片拷贝机读取原车的钥匙芯片数据，然后把数据复制到另一个空白芯片中，相当于"克隆"了一个钥匙芯片。复制完成后，直接可以着车，同样无需再上车匹配。

以上三种匹配方法，根据不同环境和情况采用。一般来说使用最多的是第三种芯片拷贝法，设备匹配法和数据写启动法次之。

有些车型，三种方法都可以用。但有些车型，只能用其中一种方法去做。例如丰田车型，用以上三种方法都可以匹配钥匙，可以拿钥匙匹配仪插到车上 OBD 接口，插入钥匙学习。也可以拆防盗盒，读数据写启动钥匙，用芯片拷贝机直接拷贝原车芯片。

三种方法，根据自己的情况去运用。一般情况下肯定选最方便的快捷方法，即芯片拷贝法和设备匹配法，不到 5min 即可完成。数据写启动法则比较麻烦，需要拆电脑才行，花费的时间比较多。

但是，这三种方法也有各自的特点。例如，车钥匙全部丢失了，则不能用芯片拷贝法，因为原车一把车钥匙都没有，无法复制。

只能用设备匹配法或者数据写启动法。而有些车型，没有了原车钥匙的引导，用匹配仪也是不允许学习新钥匙的。只能够用数据写启动法，或者写初始化数据。

下面介绍如何用"掌中宝"检测、生成和拷贝芯片。

【芯片检测方法】 把芯片放入"掌中宝"感应天线线圈处，点击"识别拷贝"，即可测出芯片类型（图 4-6-1）。

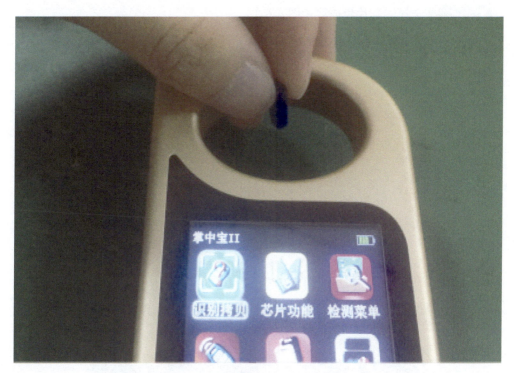

图 4-6-1

【芯片生成方法】 通过芯片生成拷贝仪，生成原车的芯片数据，生成成功以后，即可用设备在车上匹配。此方法一般是在原车钥匙全部丢失的情况下，生成该车专用芯片。可生成 4D 类型、7936 类型、7935 类型、48 类型、T5 类型的专用芯片。例如生成马自达专用 4D63 芯片，操作步骤如下。

步骤一：打开"掌中宝"，选择"芯片功能"（图 4-6-2）。

图 4-6-2

步骤二： 选择"芯片生成"（图 4-6-3）。

图 4-6-3

步骤三： 选择"4D 类型"（图 4-6-4）。

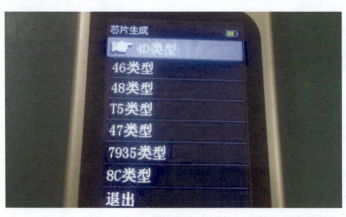

图 4-6-4

步骤四：选择"4D63芯片"（图4-6-5）。

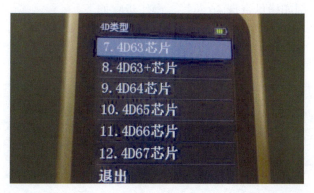

图 4-6-5

步骤五：将"掌中宝"芯片放入线圈，点击"生成"（图4-6-6）。

图 4-6-6

步骤六：设备会提示芯片"生成成功"（图4-6-7），这个芯片即可在车上匹配了。

图 4-6-7

◪【芯片拷贝方法】可拷贝 4D 类型、7936 类型、48 类型、T5 类型、8C 类型的专用芯片。例如拷贝奇瑞 46 芯片，操作步骤如下。

◪步骤一：将原车钥匙放入"掌中宝"感应线圈处，点击"识别拷贝"（图 4-6-8）。

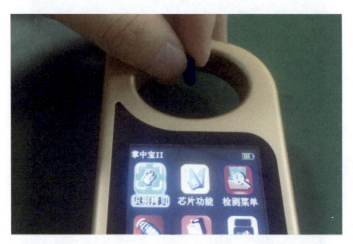

图 4-6-8

◪步骤二：芯片识别出以后，显示"46 芯片解码成功"，点击"OK 键拷贝"（图 4-6-9）。

图 4-6-9

◪步骤三：设备提示放入"掌中宝"的蓝魔或红魔芯片（"掌中宝"的专业芯片）；将"掌中宝"芯片放入感应线圈处，点击"OK 键拷贝"（图 4-6-10）。

图 4-6-10

步骤四：设备提示芯片"拷贝成功"，如要拷贝下一个，放入下一个"掌中宝"芯片拷贝即可（图 4-6-11）。

图 4-6-11

第五章
大众奥迪车系防盗原理与编程技术

本章主要介绍大众集团旗下的车型防盗系统，大众集团旗下的上海大众／一汽大众／进口大众／斯柯达／西雅特／奥迪车型虽然出自不同的厂家，外观以及定位也有很大的区别，但是其防盗系统却是如出一辙。所以在学习大众集团旗下的车型防盗系统时只要按防盗系统来区分学习即可。

第一节 大众车型防盗分类

从早期的第一代防盗系统开始，大众汽车防盗器采用的是西门子公司提供的防盗系统（Immobilizer），Immobilizer 属于控制发动机启动授权的电子防盗器。到目前为止，已经经历了 6 个发展阶段，即第一代的固定码传输防盗器（Immobilizer Ⅰ）、第二代的可变码传输防盗器（Immobilizer Ⅱ）、第三代的两级可变码传输防盗器（Immobilizer Ⅲ）、第四代的网络式防盗器（Immobilizer Ⅳ）、第五代的网络式防盗器（Immobilizer Ⅴ），以及刚刚面世的 MQB 平台防盗系统。

1. 第一代防盗器

第一代防盗器的构成如图 5-1-1 所示。这种防盗器的主要元件有防盗点火钥匙（内部带有脉冲转发器和识别线圈）、防盗器控制单元和发动机控制单元。

内置芯片的钥匙　　内置识别线圈的锁芯　　防盗器控制单元　　发动机控制单元

图 5-1-1

第一代防盗器的工作原理是,每个防盗器的防盗点火钥匙除了拥有一般的汽车钥匙功能以外,还有一个识别码;当钥匙插入点火开关时,钥匙中的转发器就会产生特有的脉冲信号;信号被识读线圈感应后,产生该钥匙的识别码并传输至防盗控制单元;若识别码在防盗控制单元内有登记,防盗控制单元便向发动机控制单元解锁,此时发动机是可以被启动的;若输入的识别码没有在防盗控制单元内登记,那么防盗控制单元便向发动机控制单元发出不能启动的命令,此时发动机不能启动(实际上现在我们看到的防盗系统都是基于这一基本原理的)。

2. 第二代防盗器

第二代汽车防盗器的构成如图 5-1-2 所示。这种防盗器的防盗控制单元随机产生一个编码,这个码是钥匙和防盗控制单元用于计算的基础。在钥匙和防盗控制单元内,有一套公式列表(密码术公式列表)和一个相同且不可改写的 SKC(隐秘的钥匙代码),经钥匙和防盗控制单元分别计算后,钥匙将计算结果发送给防盗控制单元,防盗控制单元将收到的结果与自己的计算结果进行比较,如果相同,则钥匙确认完成,该钥匙合法,允许发动机启动,否则发动机将不能启动。

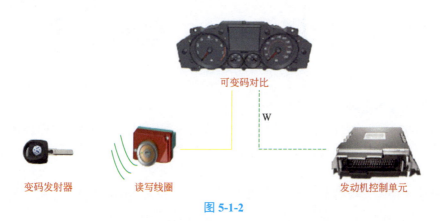

图 5-1-2

只有使用经过汽车上的防盗控制单元匹配认可的钥匙,发动机才能启动。匹配钥匙时,需要把全部钥匙同时与防盗控制单元匹配。如果需要重新配钥匙或者增配钥匙,也必须匹配全部钥匙。如果用户遗失了一把合法的钥匙,为了安全起见,必须把其他所有合法钥匙重新进行一次匹配,这样就可以使丢失的钥匙变为非法钥匙,不能再用来启动发动机。

3. 第三代防盗器

大众车系的奥迪、帕萨特、宝来、高尔夫、波罗等车型,自 2001 年以后,大部分车辆已装备第三代防盗器。防盗器通过打开/锁止发动机控制单元(通过 W

线或 CAN 总线），可以有效防止汽车在未被授权的情况下靠自己本身的动力被开走。同前一代防盗器比较，其具有更高的安全性。在第三代防盗器中，防盗器控制单元与组合仪表是集成在一起的，钥匙上压有"W"标记。

如图 5-1-3 所示，第三代汽车防盗器的主要元件有点火开关上的读写线圈（天线）、点火钥匙（编码发射器）、组合仪表（内部包含防盗器控制单元）、发动机控制单元、仪表板上的故障警报灯。

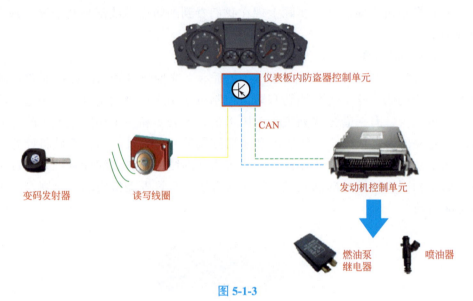

图 5-1-3

4. 第四代防盗器

从 2008 年起，大众汽车高端车型开始逐步装配第四代防盗器。第四代防盗器不是一个单独的控制单元，而是一项功能（防盗控制单元是舒适系统中的一个集成部分），包括：

❶ 位于德国大众集团总部的 FAZIT（车辆信息和核心识别工具）中央数据库；
❷ 无钥匙进入/启动控制单元（集成了防盗器控制单元）；
❸ 发动机控制单元；
❹ 转向柱锁控制单元；
❺ 遥控钥匙。

如图 5-1-4 所示，位于德国大众总部的中央数据库是第四代防盗器的核心部分，必须通过大众专用的测试仪 VAS5051 及后代产品，通过网络进入 FAZIT 获得车辆的防盗数据，否则无法完成防盗器的匹配。第四代防盗器相比于第三代防盗器，有如下改进。

❶ 第四代防盗器与发动机控制模块之间的数据通过动力 CAN 总线进行传输，

数据传输的安全性得到提高。

❷ 大众不同品牌之间的防盗器数据传输协议并不相同。防盗器部件在大众不同品牌的某些车型之间可以互用，一旦完成匹配，就不能在其他品牌的防盗器系统内使用。

❸ 由于每一辆车的防盗数据都储存在大众总部的 FAZIT 中央数据库，而不是储存在车辆上的防盗控制单元内，并且进 FAZIT 数据库只能通过大众专用的测试仪获取，所有钥匙供应/更换过程中的安全性得到提高。

❹ 防盗器内的控制单元自动对准，无需手动输入安全 PIN。

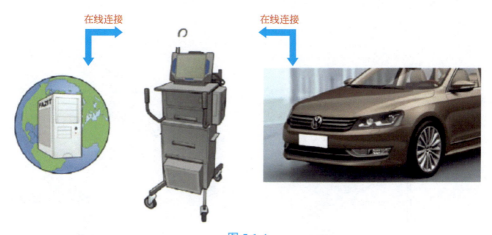

图 5-1-4

5. 第五代防盗器

作为第四代防盗器的升级版，第五代防盗器在维修服务上与第四代基本保持一致，只是在使用诊断仪进行有关防盗器方面的工作程序得到极大的简化。防盗控制单元集成在舒适系统控制单元 J393 内，取消了车门外把手上的中央门锁按钮。车门的锁闭过程和解锁过程通过触摸车门外把手上的电容传感器激活。与第四代防盗器相比，第五代防盗器有如下特点。

❶ 第五代防盗器内的部件，除了钥匙以外，可以在不同车辆之间互换。

❷ 刚刚订购的新钥匙在没有匹配前，插入点火开关，按下一键启动按钮也可以发动车辆。

❸ 如果钥匙丢失，仍然可以通过诊断仪连接到中心数据库 FAZIT，打开点火开关。

❹ 没有使用过的新部件是可以在大众所有品牌适用车型内互用的，但如果完成了匹配，则只能在该品牌的车辆之间互用。比如，奥迪 A8 车型上的转向柱锁经过匹配后不能用于宾利欧陆车型上。

如图 5-1-5 所示,在第五代防盗器中,执行在线部件匹配时,中心数据库 FAZIT 会"等待"匹配是否成功的反馈信息,所以与第四代防盗器相比,匹配成功的可信度更高。

第五代防盗器的组成部件包括:

❶ 舒适系统控制单元;
❷ 转向柱控制单元;
❸ 遥控钥匙;
❹ 发动机控制单元;
❺ 变速箱控制单元;
❻ FAZIT 中心数据库。

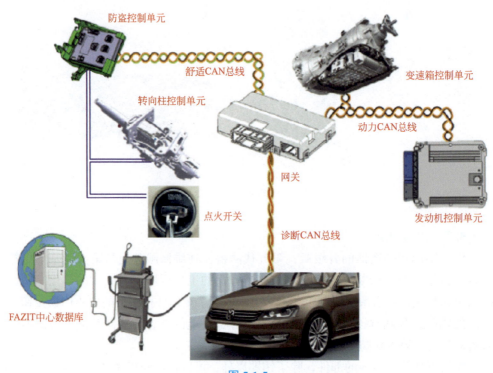

图 5-1-5

第二节 第二代、第三代、第三代半钥匙匹配方法

通过前面的介绍,相信大家对大众车型的防盗系统已经有了初步的认识,在平时匹配钥匙的时候,大众第二代、第三代、第三代半钥匙匹配方法是一致的,

差异不大。

在匹配大众车型钥匙的时候，先观察其仪表是否有防盗灯，一般只要有防盗灯，都属于第三代半以内的防盗系统。这时候采取的匹配方法与流程几乎是一样的，能使用的设备也是很多，包括平常使用的解码仪也是可以用来匹配钥匙的。

匹配步骤如下。

步骤一： 读取防盗密码。
步骤二： 正确选择车型，点击"防盗匹配"。
步骤三： 按提示输入密码。
步骤四： 选择要匹配的钥匙数量。
步骤五： 按提示插入要匹配的钥匙。

注意：
大众车型防盗芯片有 48 芯片、44 芯片和 42 芯片三种类型，应注意区分（表 5-2-1）。

表 5-2-1

车型	年份	使用芯片类型
捷达	2006 年前	42 芯片
捷达	2007～2009 年	普通 48 芯片
捷达	2010～2012 年	捷达专用 48 芯片
桑塔纳 2000	全年款	普通 48 芯片
桑塔纳 3000	全年款	普通 48 芯片
普通型桑塔纳	改款前	普通 48 芯片
桑塔纳志俊	全年款	大众专用 44 芯片
帕萨特 B5	2010 年前	普通 48 芯片
帕萨特领驭	2012 年前	普通 48 芯片
大众波罗	2009 年前	普通 48 芯片
大众甲壳虫	2012 年前	普通 48 芯片
奥迪 A6	2006 年前	普通 48 芯片
奥迪 A4	2005 年前	普通 48 芯片

使用 VVDI Ⅱ 匹配大众帕萨特 B5 钥匙的方法如下。

步骤一： 插上 VVDI Ⅱ 主机，连接汽车与电脑，打开设备软件（图 5-2-1）。

图 5-2-1

步骤二： 打开"大众"图标，选择"特殊功能"中的选择"K 线仪表/防盗盒"（图 5-2-2）。

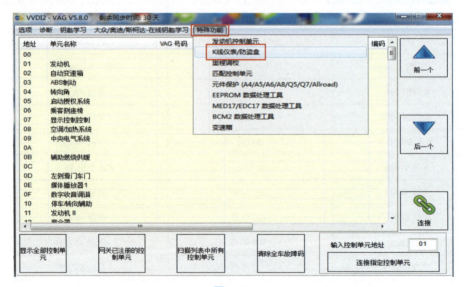

图 5-2-2

步骤三： 打开后，软件如图 5-2-3 所示。选择"读取 EEPROM"，稍等片刻，在软件的空白区域就会显示一段 16 进制数据，同时窗口的右边有个"PIN"会显示该车的防盗密码，将其记录下来。

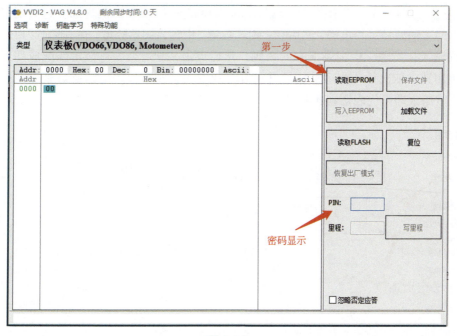

图 5-2-3

步骤四：点击软件上方的"钥匙学习"，在下拉菜单中再次选择"钥匙学习"（图 5-2-4）。

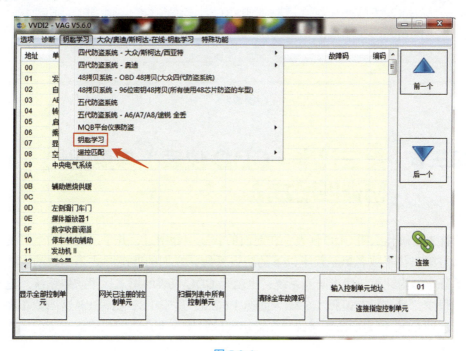

图 5-2-4

🎵 **步骤五**：在上一步操作中，软件会进入到如图 5-2-5 所示的界面。这时观察检测到的车辆型号是否正确，然后在"钥匙数量"中输入钥匙数量，在"密码（PIN）"位置输入在步骤三中记录下来的密码，然后点击"学习"。待显示匹配成功后，拔出钥匙，依次插入剩余的钥匙并打开点火开关，观察仪表的防盗灯是否熄灭，如正常熄灭即可代表钥匙匹配成功。

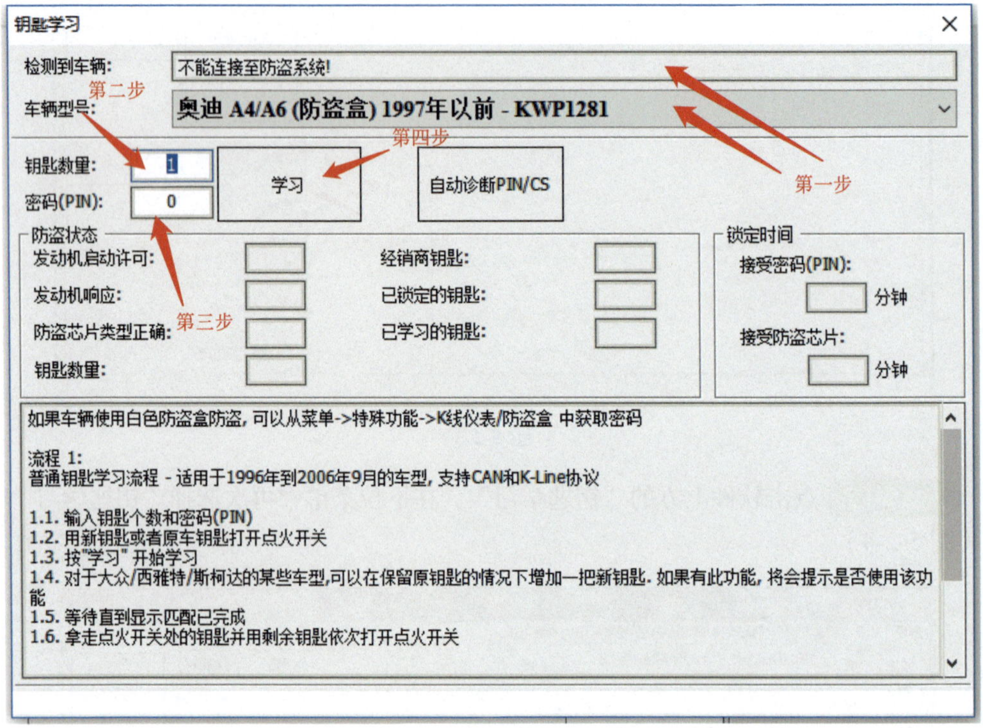

图 5-2-5

第三节　第三代半（CDC 仪表）与第四代防盗匹配方法

　　首先了解什么叫 CDC 仪表，在前面的叙述中介绍过，几乎所有带防盗灯的系统都是第三代半或者第三代半以下的防盗系统，它们的匹配方式是一致的。还有一部分车型为纯第三代半防盗系统，也就是 CDC 仪表的第三代半防盗系统。这种车型很少，目前只有速腾 1.6/2.0、朗逸 1.6/2.0、途安 1.8、明锐 1.8 这四款车型。对于这种 CDC 仪表的防盗系统，在配钥匙的时候与大众第四代防盗系统的操作步骤一样。

1. 钥匙的分类

大众车型第四代防盗系统钥匙如图 5-3-1 所示，图中折叠钥匙打开过后，在收匙的位置有一个"5KD 837 202AD"字符，这类钥匙是普通的插钥匙启动的，业内一般简称为 202AD 钥匙。

图 5-3-1

另外还有一种智能钥匙，外观上与普通折叠钥匙几乎一样，但是在折叠钥匙坯打开后，内部的钥匙零件号则不一样，如图 5-3-2 所示。它的型号为"5K0 837 202AJ"，这种钥匙业内称为 202AJ 钥匙。因为 202AJ 钥匙是智能钥匙，所以对于 202AJ 钥匙，只能购买全新的原厂 / 副厂钥匙来匹配，而不能使用子机生成。

图 5-3-2

大众第四代钥匙无论是 202AD 还是 202AJ，都不支持拆解，这类钥匙都是一次性封装。如果强行暴力拆解，则不能复原，如图 5-3-3 和图 5-3-4 所示。

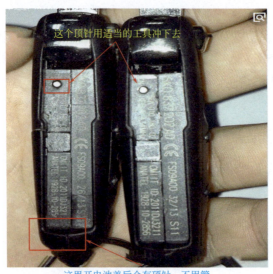

图 5-3-3

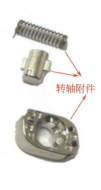

图 5-3-4

2. 使用 VVDI Ⅱ 增加 202A* 系列钥匙的方法

现在以大众 2012 年宝来为例介绍大众第四代 202AD 钥匙增加的方法。

步骤一： 在接到该车匹配钥匙的业务后，首先要确定该钥匙的型号（可找同款钥匙对照），然后确定该车型的防盗类型。经确定，该车为 202AD 钥匙，是大众第四代防盗系统。接着使用钥匙机拿一个 31 号钥匙坯先开好齿。使用 VVDI 手持机将一个 VVDI 子机遥控器生成好，并且使用 VVDI 手持机识别出原车的钥匙芯片类型，如果是普通 48 芯，则直接用普通 48 芯片即可；如果是专用芯片，如 48-TP23，则还需要用普通 48 芯片生成一个专用 48-TP23 芯片。当一切准备工作做好后，将芯片装入子机，钥匙坯装入子机。拿着全新的钥匙上车匹配。

步骤二： 将笔记本与 VVDI Ⅱ 主机和汽车 OBD 接口连接，打开电脑端软件，选择"大众"。然后选择"钥匙学习"，在钥匙学习子菜单中选择"四代防盗系统 - 大众/斯柯达/西亚特"中的"自动诊断类型"，如图 5-3-5 所示。

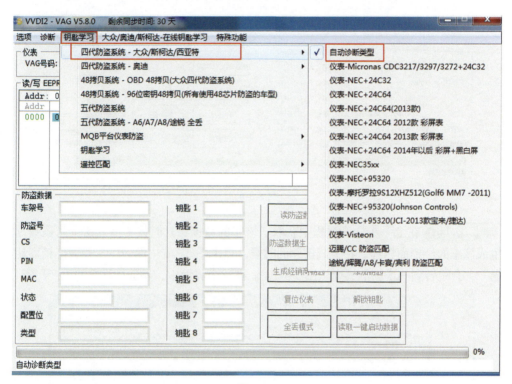

图 5-3-5

步骤三： 完成上一个步骤操作后，软件会进入到一个新的界面，如图 5-3-6 所示。按照图中所示的步骤，先点"诊断"，此时设备会自动诊断出该车型的仪表类型；接着点击"读取 EEPROM/FLASH"，此时设备开始读取仪表的数据并显示在空白区域。在软件的最下面会有进度条，等待设备读取成功后，接着点击"保存文件"，这时设备会弹出一个新的对话框，按设备提示保存文件到平时存放数据的文件夹，并命名好，以备下次查找。接着点击"读防盗数据"，此时设备会自动读取该车的防盗数据，并显示在空白区域（覆盖上次显示的内容），接着点击"保存文件"，这时设备会弹出一个新的对话框，按设备提示保存文件到平时存放数据的文件夹，并命名好，以备下次查找。

图 5-3-6

步骤四： 在上一步操作过程中获取了该车的数据，这时候要借助这个防盗数据生成该车的经销商钥匙。在生成钥匙的时候，点击图 5-3-6 中的"生成普通经销商钥匙"，会跳转到一个新的界面（图 5-3-7）。在这个界面中，要选择汽车的生产厂家，

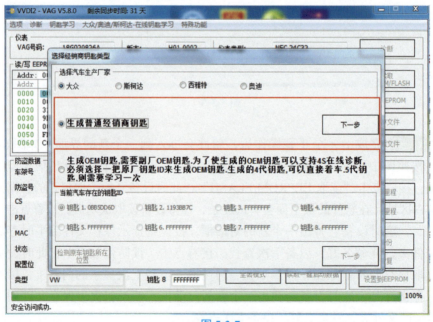

图 5-3-7

然后选择图中画红色框的位置，这里两个区域都画了红色框。上面一个生成普通经销商钥匙，如果在此处选择的话，则生成好的钥匙还要进行学习。而如果选择下面一个"生成 OEM 钥匙"的话，这时候生成的经销商钥匙等于是"克隆"了原车的钥匙，同时生成新的钥匙 ID 号就是在生成新的经销商钥匙时选择的钥匙 ID 号。这样生成的新 OEM 钥匙是不需要学习的，直接可以着车，而且该车去 4S 店在线升级时也不锁车；在生成经销商钥匙时，要将钥匙放在 VVDI 主机里，如图 5-3-8 所示。

图 5-3-8

步骤五： 如果在上一步骤中选择"生成普通经销商钥匙"，那么还要按图 5-3-9

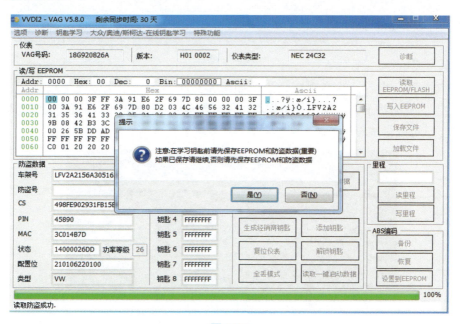

图 5-3-9

所示，进行钥匙学习。在钥匙学习之前要先把钥匙插入点火开关，并打开点火开关到仪表点亮。点击"添加钥匙"的时候，系统会弹出一个对话框，提醒您要保存之前读取的防盗数据，如果不保存防盗数据，那么如果本次学习失败，很可能造成"死车"。这里先前已经对防盗数据进行保存了，直接点击"是"。这时候会进入如图 5-3-10 所示的界面。在这个界面中，选择第三个选项，从防盗数据获取登录码进行登录，然后点击"加载防盗数据"，加载之前保存的防盗数据，再输入钥匙数量（在输入钥匙数量的时候要加上原车钥匙一起学习），点击"下一步"。

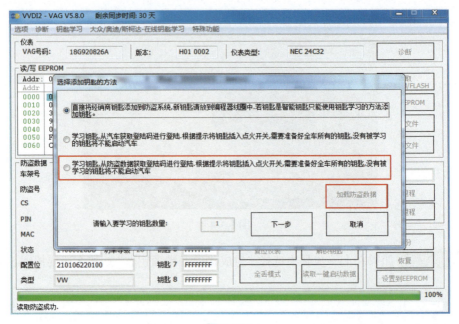

图 5-3-10

点击下一步后，注意观察仪表，如图 5-3-11 所示。正常情况下仪表会显示"1-2"，此时拔下钥匙换下一把钥匙，仪表就会显示"2-2"，即可代表钥匙学习成功了。可以尝试着车了。

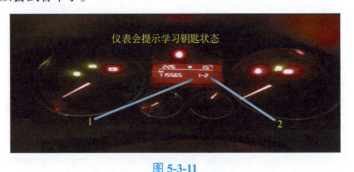

图 5-3-11

1—代表已经学习一把；2—代表要学习 2 把钥匙

总结

在匹配大众第四代钥匙的时候，先要获取原车的防盗数据，再使用原厂的防盗数据生成经销商钥匙。若直接生成 OEM 钥匙，则可以直接着车，如果生成普通经销商钥匙，需要学习钥匙。大众 202AJ 钥匙的匹配方法与上面的操作步骤一致，但是 202AJ 钥匙是必须要进行学习的，不可以生成 OEM 钥匙。同时在学习钥匙的时候要将钥匙放在感应区（图 5-3-12 和图 5-3-13），如果一次学习不成功，可以再次学习。

图 5-3-12

图 5-3-13

第四节　如何使用VVDI Ⅱ做第四代全丢钥匙

如果遇到大众车系钥匙全丢，查询得知是第四代防盗系统，那么需要先做出机械钥匙，把遥控器生成好，再将芯片选对或者生成好，然后打开点火开关。这时候按照钥匙增加的方法尝试读取EEPROM数据和防盗数据，如果能读出来，则按照钥匙增加的方法操作即可；如果读不出来，则选择"全丢模式"，如图5-4-1所示。进入这个界面后，先要保存ABS的长编码（备用），接着进行拆读。拆读是指把仪表拆开，用编程器读取仪表内部八角储存器的数据，并保存在电脑里面。然后使用VVDI Ⅱ中的"生成服务模式24C32EEPROM"数据，生成好以后，再使用编程器把这个服务模式的数据写回八角芯片中，接着把八角芯片装回仪表且把仪表装车。

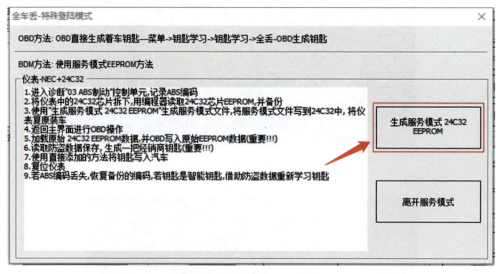

图 5-4-1

这时再使用VVDI Ⅱ读取防盗数据，就会发现成功地读取了防盗数据，此时按照钥匙增加的方法生成经销商钥匙即可。

在生成经销商钥匙时，如果生成的是普通经销商钥匙，还需要学习，在学习钥匙之前，应恢复仪表数据。恢复数据的时候点击"加载文件"，加载之前保存的原始原件。然后点击"写入EEPROM"（图5-4-2），才可以学习钥匙。如果是生成的OEM钥匙，只有写入原始数据才可以尝试着车，否则不要尝试着车。

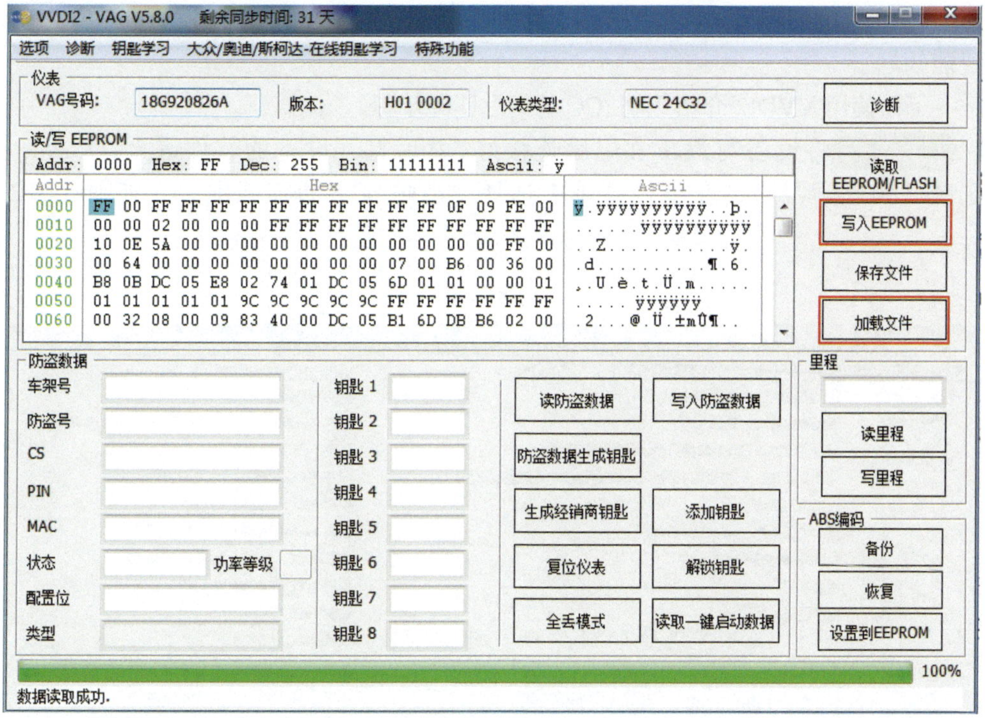

图 5-4-2

在着车成功后，观察仪表的 ABS 故障灯是否点亮，如果仪表的故障灯点亮，将之前保存的 ABS 长编码在诊断的界面中重新写入 ABS 长编码即可。

第五节 迈腾/CC 钥匙匹配方法

大众汽车的迈腾/CC 两款车型，所使用的防盗系统是一样的，所以钥匙匹配的方法也是一样的。它们的钥匙外观如图 5-5-1 所示，虽然钥匙的外观都

图 5-5-1

一样，但是该钥匙分 46 类型与 48 类型，46 类型为全智能钥匙，48 类型为半智能钥匙。

下面使用 VVDI2 介绍迈腾/CC 的钥匙匹配步骤。

🔑 **步骤一：**将设备与汽车和电脑连接好，然后打开设备的软件进入"大众"。选择"钥匙学习"，在下拉菜单中选择"迈腾/CC 防盗匹配"，如图 5-5-2 所示。

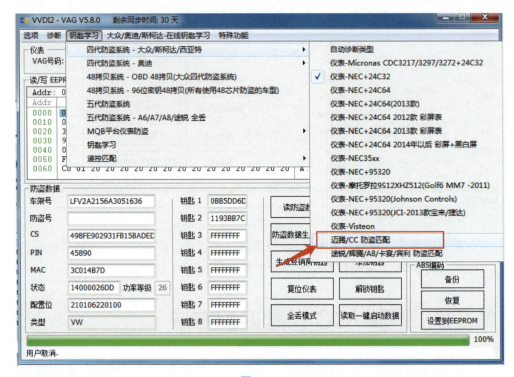

图 5-5-2

🔑 **步骤二：**在上一步的操作中，进入到一个新的界面（图 5-5-3），这里要选择钥匙芯片类型（原车什么类型，钥匙就选择什么类型），然后点击图 5-5-3 中所示的第二步"OBD Ⅱ读取登录码+部分内存数据"，主要获取 7 个固件保护字节和密码。

🔑 **步骤三：**设备会弹出一个提示窗口，如图 5-5-4 所示，注意增加钥匙的时候，"48 钥匙第 7 字节需要从着车钥匙查找，46 钥匙第 7 字节使用 FF"，数据读取成功后，显示出 7 个固件保护字节和 PIN（登陆）码，如图 5-5-5 所示，红框区域显示出 7 个字节和密码（如果是 48 类型，需要点击绿框内，从着车钥匙中查找第 7 字

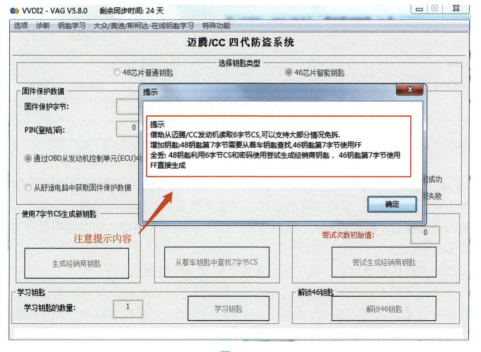

图 5-5-3

图 5-5-4

节CS）。这时可以将新钥匙放入VVDI线圈处，点击图5-5-5中第3步"生成经销商钥匙"。

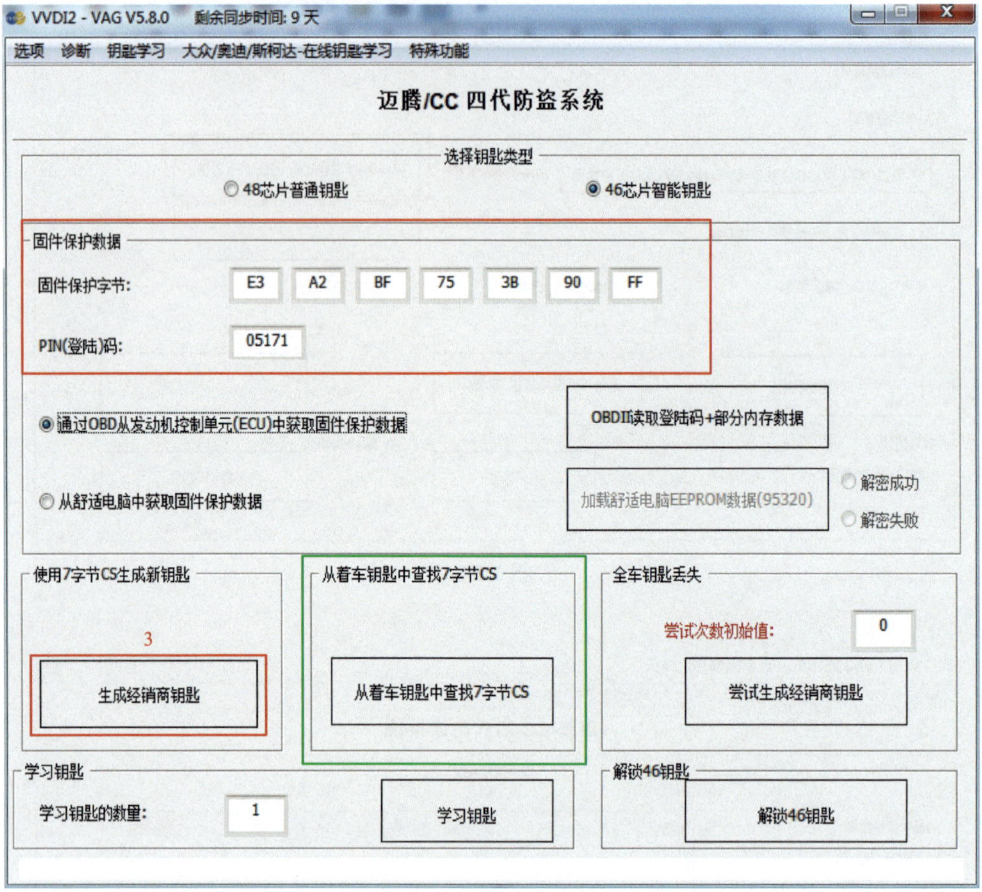

图 5-5-5

步骤四： 经销商钥匙生成以后，即可填入要学习的钥匙数量，点击"学习钥匙"（图5-5-6）。学习钥匙的时候，注意仪表显示。操作的时候，需要把点火开关的钥匙拔出，再重新插入，仪表显示"1-2"的时候，再插入第二把钥匙学习，如图5-5-7所示。

迈腾/CC匹配钥匙时，读不出数据或者钥匙全丢的做法如下。

如果该车匹配钥匙时，读不出数据，需要拆下舒适电脑，从舒适电脑中获取固件保护数据。如果钥匙全丢匹配，还需要短接保险，让仪表供电。短接保险的方法有两种，根据类型选择，如图5-5-8和图5-5-9所示。

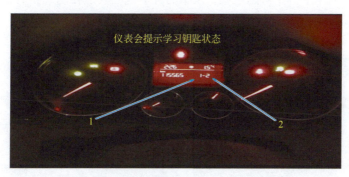

图 5-5-6

图 5-5-7

1—代表已经学习一把；2—代表要学习 2 把钥匙

图 5-5-8

图 5-5-9

具体匹配方法如下。

步骤一： 从车上拆下舒适电脑，该车的舒适电脑安装在副驾驶的手套箱后面，如图 5-5-10 所示。

图 5-5-10

步骤二： 拿下舒适电脑后，接下来要把电脑拆解，使用编程器读取舒适电脑内部的 95320 的数据（图 5-5-11），然后保存在电脑上。数据保存好后，把芯片再焊回去。将舒适电脑装好，接着把 VVDI 与汽车连接好。

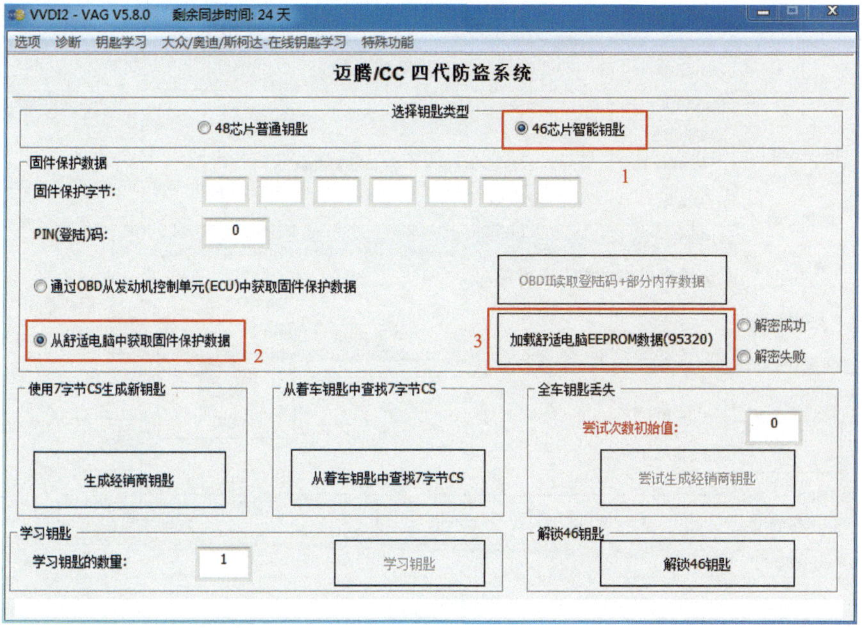

图 5-5-11

步骤三： 打开 VVDI 软件后，按照图 5-5-11 所示的步骤，从第 3 步开始点击"加载舒适电脑 EEPROM 数据（95320）"，点击后会出现一个窗口，找到先前拆读保存的数据。然后点击"解密 95320"（图 5-5-12），设备会自动解密 95320 数据（图 5-5-13），解密成功以后在图中左下角会显示密码和字节（图 5-5-14），然后点击"退出"。

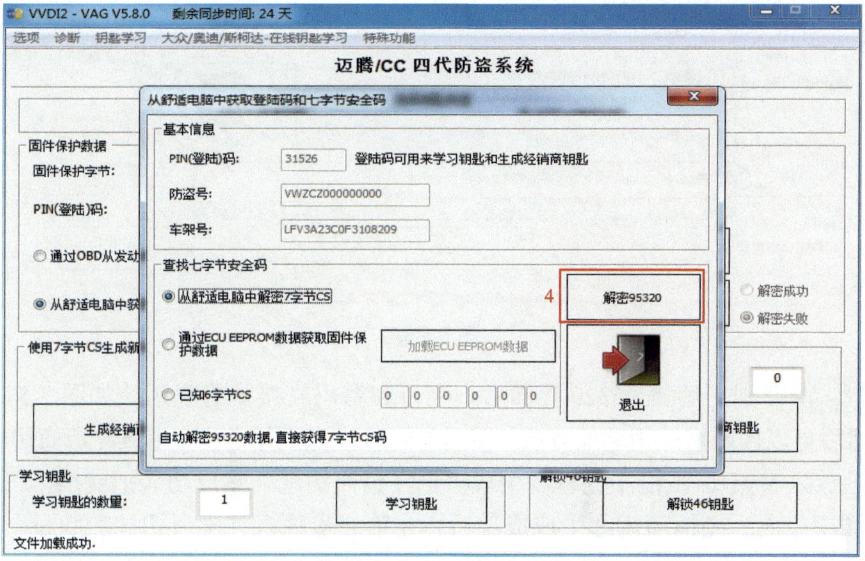

图 5-5-12

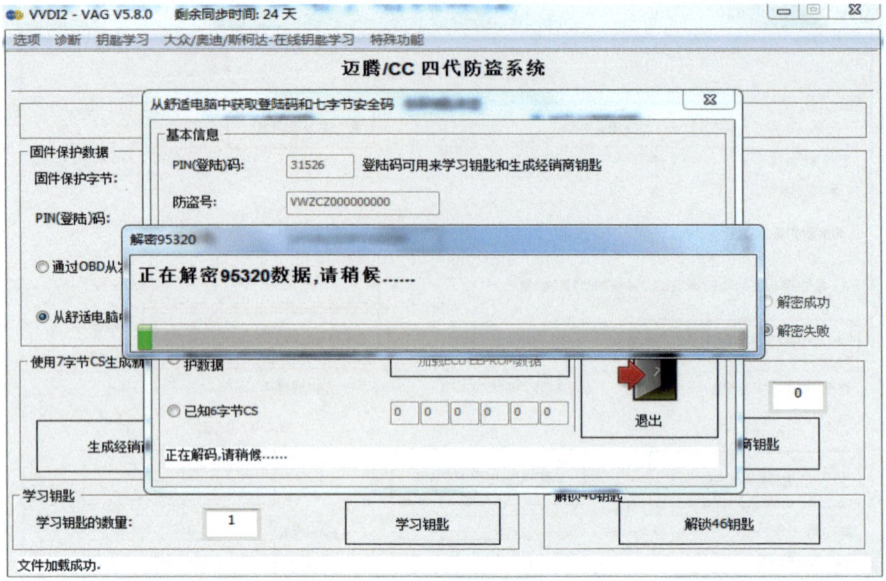

图 5-5-13

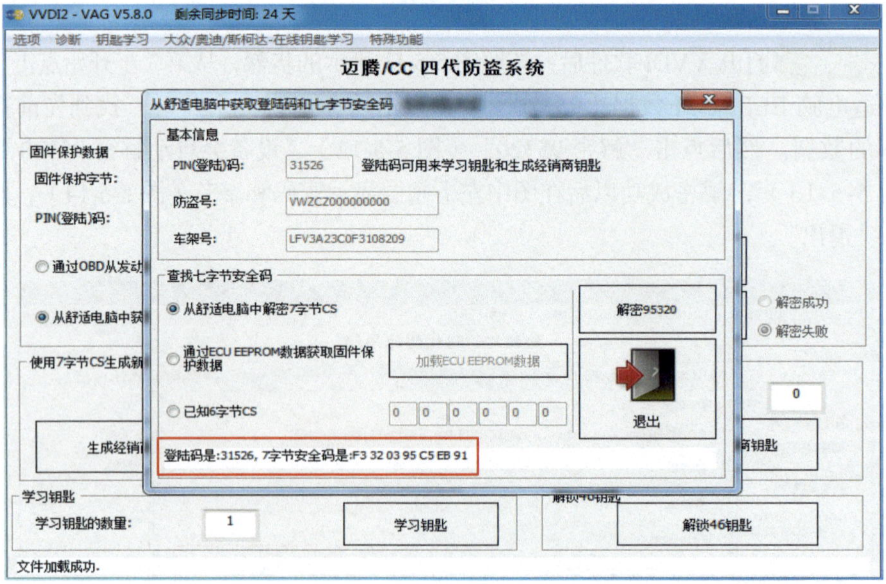

图 5-5-14

步骤四： 退出解密 95320 界面后，字节和密码直接就有显示，如图 5-5-15 所示，然后可以按照增加钥匙的方法，在图 5-5-15 中点击第 5 步"生成经销商钥匙"，将钥匙放入 VVDI2 线圈中，可以生成多把经销商钥匙，每成功一把就换第二把放入线圈中生成。经销商钥匙生成成功后，在第 6 步输入"学习钥匙的数量"，需要把生成好的钥匙插入点火开关，然后再点击第 7 步"学习钥匙"即可。同理仪表也会显示"1-2",与前面增加匹配一样。学习钥匙的时候要将钥匙拔出,重新插入点火开关,待仪表显示"1-2"的时候再换下一把钥匙插入点火开关,等待仪表显示"2-2"即代表 2 把钥匙都学习成功了,可以尝试点火。

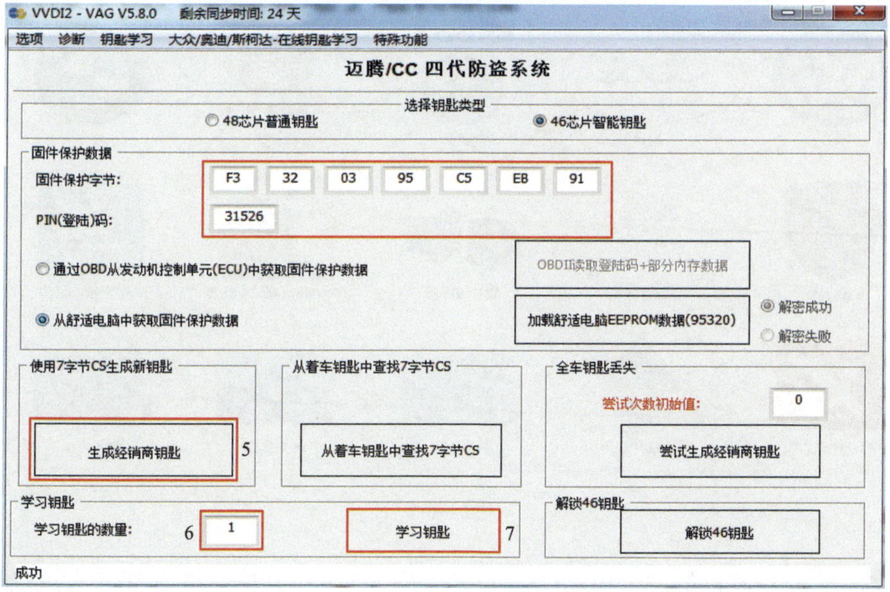

图 5-5-15

注意:
第四代防盗系统在学习钥匙的时候一定要把原车钥匙一起参加学习,没参加学习的钥匙将不能着车。

第六节 奥迪第四代钥匙匹配

2012 年前奥迪 A6L 和 2016 年前奥迪 Q7 折叠钥匙如图 5-6-1 所示,其使用 8E 芯片,匹配方法如下。

图 5-6-1

步骤一： 准备好 8E 芯片钥匙，开好钥匙齿。把 VVDI 连上汽车，打开电脑端 VVDI2 软件，选择奥迪图标，如图 5-6-2 所示。

图 5-6-2

步骤二： 在软件的左上角选择"钥匙学习"，在下拉菜单中找到"四代防盗系统-奥迪"的子菜单，继续选择"A6L/Q7/Allroad"，如图 5-6-3 所示。

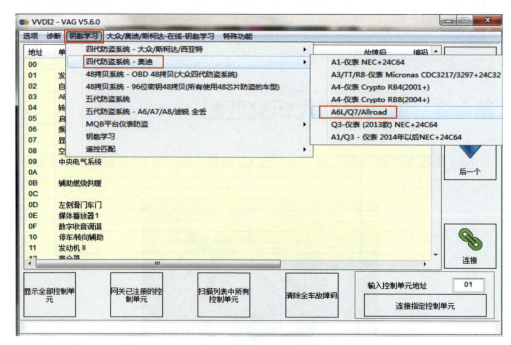

图 5-6-3

步骤三： 经过前面的几步操作，进入到奥迪第四代钥匙匹配的主界面。在操作之前先使用着车钥匙打开点火锁直至仪表灯点亮。接着在这个界面（图 5-6-4）中选择车辆年限（图中 1 和 2 的位置），然后点击已选择的 1 或 2 中"借助着车钥匙直接读取 J518EEPROM"。读取成功后，保存原始数据并命名。

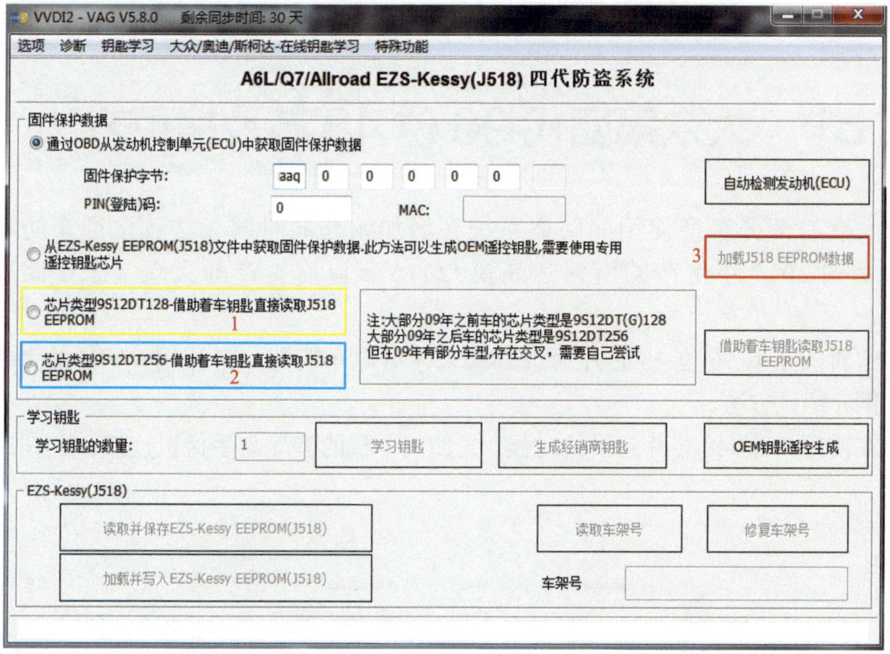

图 5-6-4

然后点击图 5-6-4 中 3 位置"加载 J518EEPROM 数据"，加载刚刚保存的原始数据，接着点击"生成经销商钥匙"。在生成经销商钥匙的时候要把新钥匙放在 VVDI 主机中，如图 5-6-5 所示。

图 5-6-5

> **步骤四：** 在经销商钥匙生成成功后，要学习新钥匙。

这时点击图 5-6-4 中的"学习钥匙"，设备会提示插入经销商钥匙并打开点火开关，持续 2s 后，更换下一把钥匙，间隔小于 5s，按提示操作即可。

此时仪表同样会显示"1-2"，更换第二把钥匙的时候仪表会显示"2-2"。

到这里钥匙就匹配成功了！可以尝试启动车辆，且遥控器可以使用。

第七节 大众第四代 96 位 48 芯片拷贝方法

大众有部分车型使用的防盗系统在增加钥匙的时候无法读取原车防盗数据，例如 2017 年生产的斯柯达晶锐 /2016 年以后生产的大众宝来、朗逸等车型。

这时应采取 96 位 48 芯片拷贝方法来拷贝原车钥匙，具体用 VVDI 的手持机来举例介绍该方法。

在使用 96 位 48 芯片拷贝的时候，先使用手机的蓝牙与手持机连接，如图 5-7-1 所示。

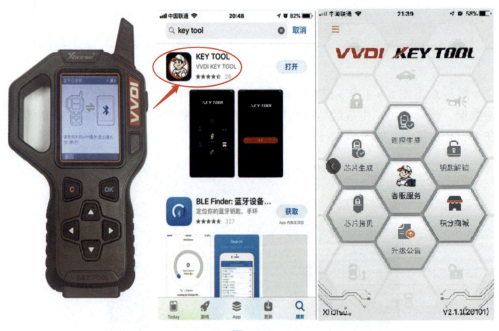

图 5-7-1

接着打开软件点击"芯片拷贝"（图 5-7-2），然后弹出来一个新的界面，再选择"96

位48在线计算"，到这里按照软件的提示操作去车上采集数据。数据采集结束后，点击上传数据，并等待计算结果（依据同时在线计算的人数不同，等待时间也不同）。待计算成功后，可以拿一个带拷贝功能的48芯片进行拷贝芯片，拷贝成功后即可直接着车。

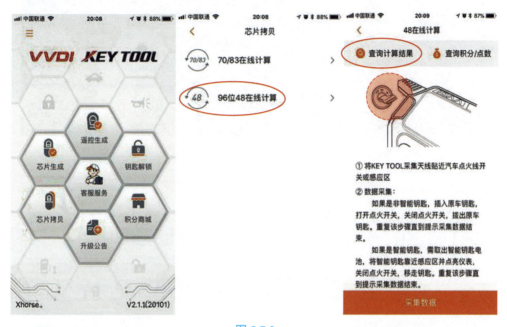

图 5-7-2

小知识：

96位48芯片意指芯片的加密协议为Megamos Crypto，这个协议中包含一个12字节（96位二进制数）的密码、一个32位的PIN码，其中密码供芯片和防盗单元之间验证之用，这是防盗单元能否允许启动车辆的核心关键，而32位PIN码的作用则是验证是否能在芯片和防盗单元中读写信息。所以96位48芯片指的就是其核心96位的密码，而拷贝的关键就是如何获取这个96位密码。选择VVDI公司的在线计算也就是VVDI厂家搭接了一个强大的服务器，根据先前采集的数据进行分析破解，最终得到一个96位的密码，从而"克隆"一把新钥匙出来。

第八节　奥迪第五代钥匙的匹配方法

奥迪智能钥匙使用的是第五代防盗系统，大众途锐使用的也是第五代防盗系统。第五代防盗系统钥匙的外观如图5-8-1所示。

奥迪钥匙　　　　　　　　　　　　途锐钥匙

图 5-8-1

在匹配该钥匙的时候，依然使用 VVDI 来介绍。首先将设备通过 OBD 与汽车和笔记本电脑连接，然后打开设备软件，如图 5-8-2 和图 5-8-3 所示。

图 5-8-2

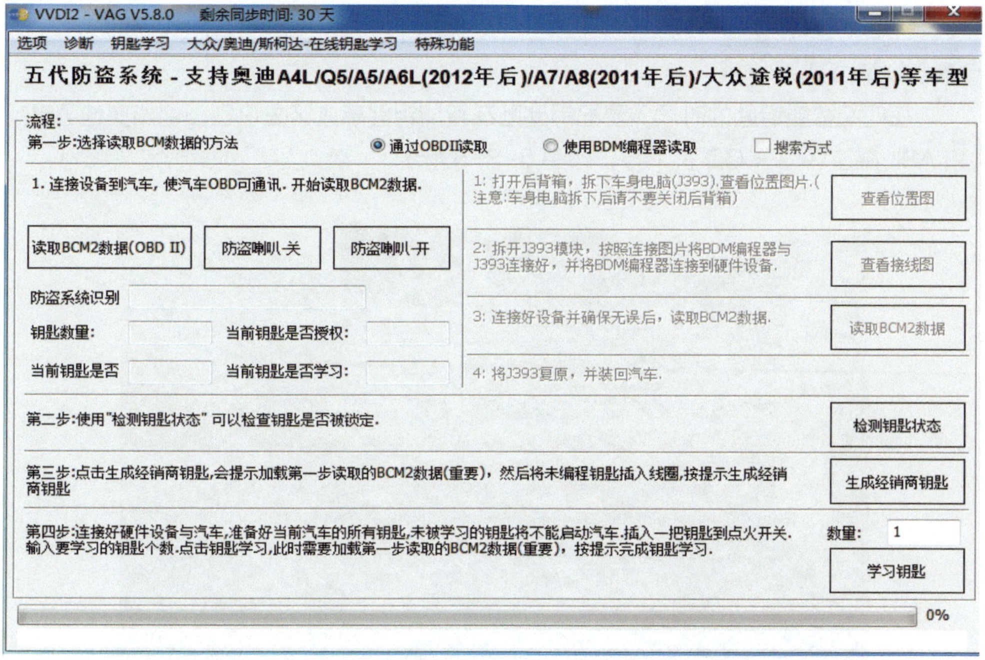

图 5-8-3

匹配过程：进入主界面后开始匹配，先点击"读取 BCM2 数据（OBD Ⅱ）"，等待设备读取成功后，保存原始数据。接着点击"生成经销商钥匙"，在点击"生成经销商钥匙"之前，要先把新钥匙放在编程器中，如图 5-8-4 所示。待经销商钥匙生成成功后，点击"钥匙学习"与第四代防盗系统一样进行学习钥匙即可着车。

图 5-8-4

> **小知识：** 在匹配智能钥匙的时候，要把钥匙贴在智能钥匙感应区去识别，例如奥迪 A6L 和 A8L 感应区位于 CD 机下方，如图 5-8-5 所示。

图 5-8-5

第九节　实战案例分享

实战案例 奥迪 Q7 4.2 排量的智能钥匙全丢做法

❶ 接到该车钥匙全丢业务后，准备好所需的工具设备，包括开锁工具二合一 HU66。来到车前，首先打开车门，如图所示 5-9-1 所示。

图 5-9-1

❷ 然后拆开主驾驶员侧车门，露出保险，需要短接保险让车通电，才能用设备 VVDI2 读取车上电脑的数据。奥迪 Q7 短接保险让车通电的方法有三种，具体如下。

第一种短接方法：用导线将图 5-9-2 所示的两个保险连接（30A 和 5A）。

图 5-9-2

第二种短接方法：将图 5-9-3 所示的两个保险短接（30A 和 25A）。

图 5-9-3

第三种短接方法：打开前面的机舱盖，把前面的正极桩头与一个 5A 保险短接，如图 5-9-4 所示。

图 5-9-4

以上步骤主要是为了使发动机电脑供电，通信得以进行。

❸ 接下来，用一把钥匙插到点火锁头中，向前拧一挡。等待 15min，不做任何操作。15min 过后，打开 VVDI，在"钥匙学习"中选择"A6L/Q7/Allroad"，如图 5-9-5 所示。

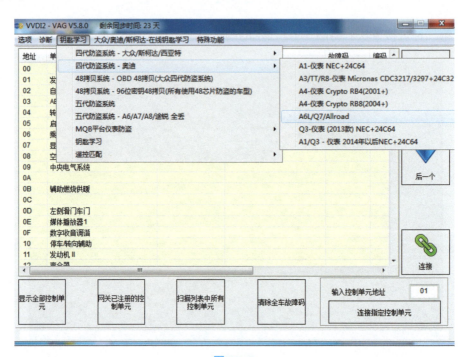

图 5-9-5

❹ A6L/Q7 界面打开后，点击"自动检测发动机（ECU）"，如图 5-9-6 所示，等待 1min 左右，数据读取成功，保存该数据。固件保护字节和密码如图 5-9-7 所示。

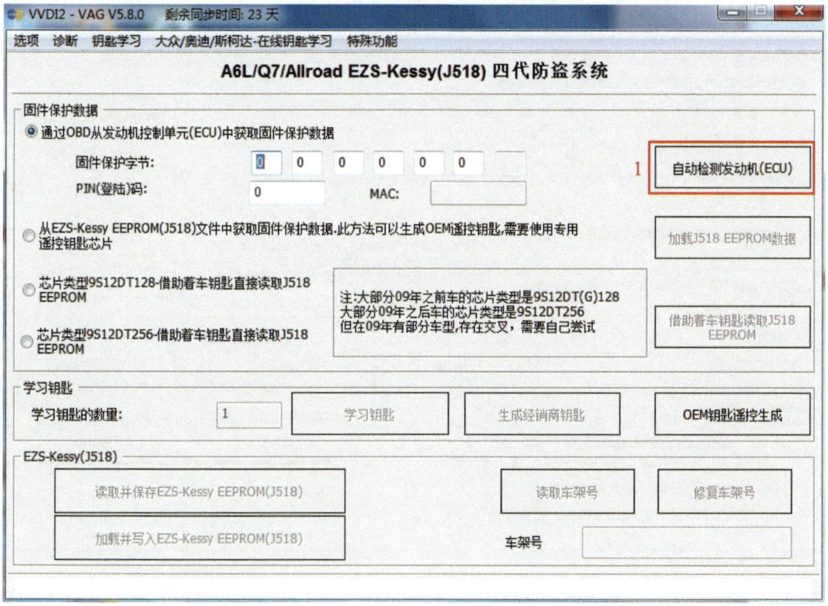

图 5-9-6

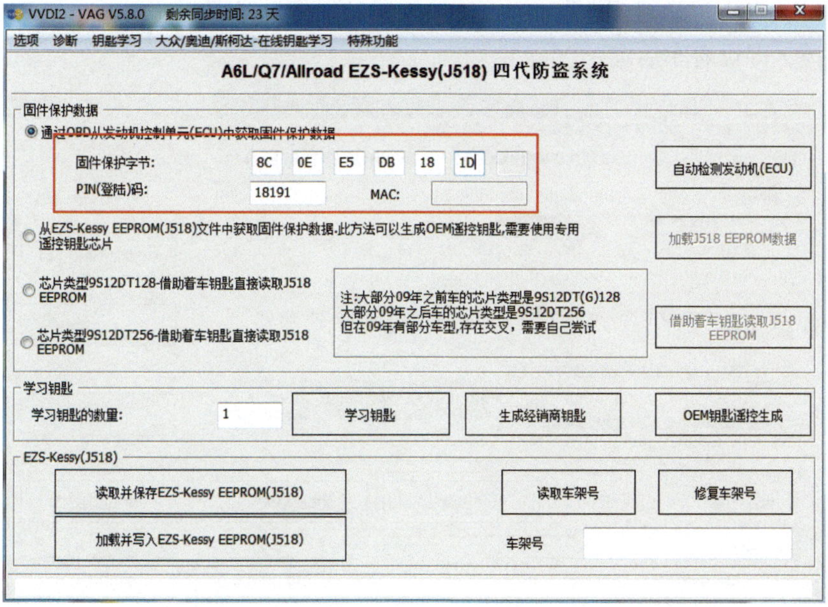

图 5-9-7

❺ 点击"生成经销商钥匙"，生成经销商钥匙，如图 5-9-8 所示，需要把芯片

钥匙放入 VVDI 编程器线圈中。

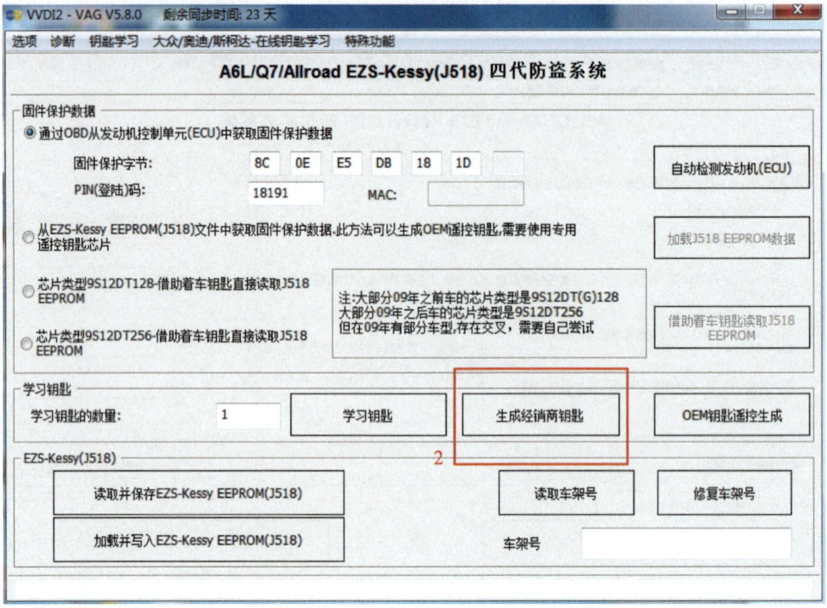

图 5-9-8

❻ 经销商钥匙生成成功后，将钥匙插入点火开关并打开，修改好需要匹配的钥匙数量，点击"学习钥匙"，如图 5-9-9 所示。钥匙学习成功以后，把所有连接的线拔掉，即可着车启动。

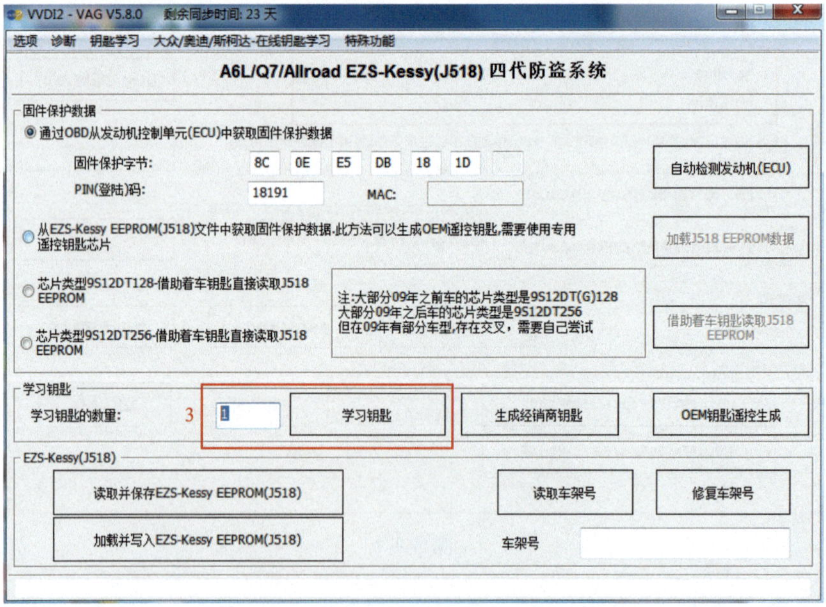

图 5-9-9

补充：如果在前面步骤短接完保险后，数据还是读不出来，可以拆读 J518 电脑数据加载到 VVDI2 上，获取固件保护字节和密码，J518 电脑位置在方向盘下方的转向柱上，如图 5-9-10 所示，将 J518 电脑从转向柱上拆下来，分解后如图 5-9-11 所示，然后用 VVDI 超级编程器读数据，按照编程器的接线图接线读取操作，如图 5-9-12 所示。

图 5-9-10

图 5-9-11

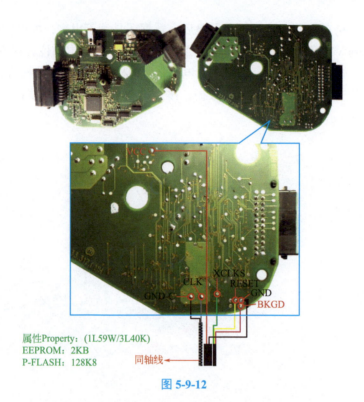

图 5-9-12

此操作步骤和 A6L 2.0/2.4/2.8/3.0 排量的车钥匙全丢方法一样,只是短接保险的方法不同。A6L 短接方法如图 5-9-13 所示,短接 30A 和 15A 的保险。

图 5-9-13

第六章
国产车型防盗原理与匹配技术

第一节 国产防盗系统介绍

    国产车由于厂家各种原因，很多都没有设计自己的防盗系统，所以有可能出现上一款车型用这种防盗系统（比如交通防盗），下一款车型就用那种防盗系统（比如联创防盗的情况）。这里要说明的是做防盗匹配所提到的国产车单指国产自主研发的品牌，例如奇瑞、吉利、帝豪、比亚迪、海南马自达等。可以找到一个共同点，即其不像合资车有自己的防盗系统。国产车一般都是装备了某几大品牌的防盗控制盒，所以只要对照几种防盗盒原理就可以举一反三。目前而言，国产车大多数都是采用 13 芯片、46 芯片、48 芯片这三种型号，其中 46 芯片用得最多。各品牌防盗控制盒使用的芯片概述如下。

❶ 交通实业防盗系统（40 芯片、46 芯片）。
❷ 联创防盗系统（46 芯片）。
❸ 联合电子防盗系统（46 芯片）。
❹ 重庆集诚防盗系统（46 芯片、60 芯片）。
❺ 德尔福防盗系统（13 芯片、48 芯片）。
❻ 西门子防盗系统（46 芯片）。

    以上几种防盗系统，其工作原理类似，但是在做钥匙的时候区别很大。下面分别介绍。

第二节 交通实业防盗系统

    使用交通防盗最多的车型就是奇瑞和吉利，它分为绿色标签防盗盒和黄色标签防盗盒两大类，如图 6-2-1 和图 6-2-2 所示。

绿色标签　　　　　　　　　　　　　　黄色标签

图 6-2-1　　　　　　　　　　　　　　图 6-2-2

以上两种防盗盒在海马、吉利、东风、奇瑞等车系常见，两者外观一样，只不过标签颜色不同。但是在做钥匙的时候区别却很大，黄色标签防盗盒要采用专用 40 芯片，绿色防盗盒则采用专用 46 芯片。

装有交通实业防盗系统的防盗盒在匹配时其实不难，按照设备提示一步一步做下去即可。唯独要注意的是这两种防盗盒在匹配时都需要密码，而且密码一旦输错 3 次防盗盒就自动锁止。有时候我们也能遇到做不出钥匙的时候误输错 3 次密码，此时就需要破解密码，本书后面有关于密码破解方法的介绍，这里先介绍如何获取密码。

获取密码的途径主要有三种：一是用设备读取；二是通过车架号查询计算；三是拆读。部分车型可以通过设备读出密码，读不出密码的，则只能用后两种方式获取。而在使用车架号进行计算的时候，则要花费一定的成本，所以对于低端车型，一般情况下都选择拆读。

若进行拆读，则要先去车上找到防盗盒（一般在油门踏板上方）。找到防盗盒后拆开，会看到如图 6-2-3 所示的 PCB 电路板（黄色标签防盗盒）。

图 6-2-3

打开防盗盒后，可以按图 6-2-4 所示位置找到八角码片 95040 芯片。然后通过编程器（数码大师、超级编程、CG100、XP）读取里面的数据，数据读出以后如图 6-2-5 所示。

图 6-2-4

读取数据后密码直接显示在数据位第 10 行，第 11、12 字节。图 6-2-5 中显示的是 11D8，那么这辆车防盗盒的密码就是 11D8，在匹配时直接输入 11D8 即可。

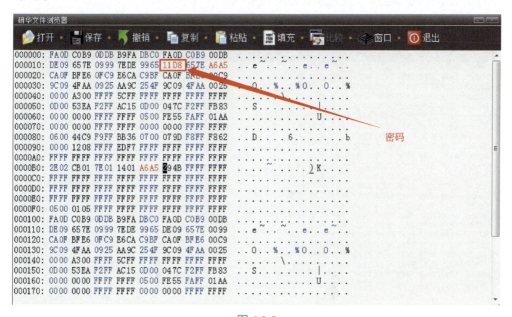

图 6-2-5

如果输入密码3次错误的话，也可以修改数据恢复，把数据位第10行的第15、16字节和第0B0行的第9、10字节，改成固定的字节A6A5（图6-2-6）。

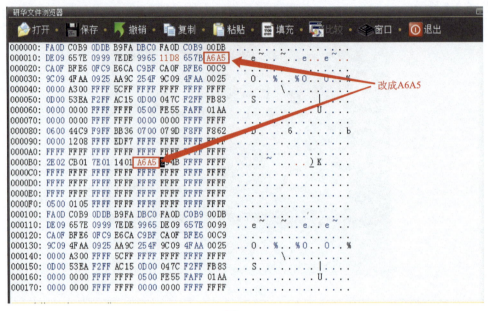

图 6-2-6

使用绿色标签的防盗盒，拆开后会看到一个24C04的码片，这个码片用于储存防盗数据。同样也可以通过编程器对该数据进行读取，读取后如图6-2-7所示。

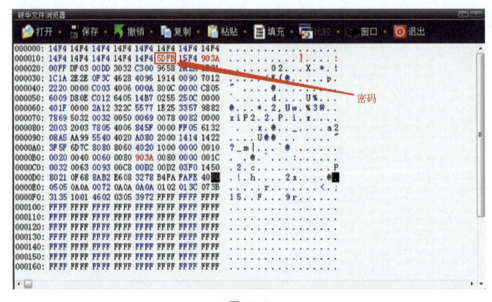

图 6-2-7

这个密码读出来同样也在第 10 行，第 11、12 字节，但不同的是，这个密码不直接显示，要使用交通密码计算器进行计算，如图 6-2-8 所示。

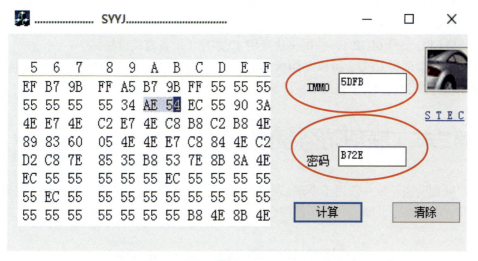

图 6-2-8

换算成功后即可上车进行匹配，根据设备提示进行操作。这个防盗盒在多次输入密码错误的情况下，就会锁死，锁死后可以通过数据修改解除锁死。解除方法：把数据位第 10 行的第 15、16 字节和第 0B0 行的第 9、10 字节，改成固定的字节 903A（图 6-2-9）。

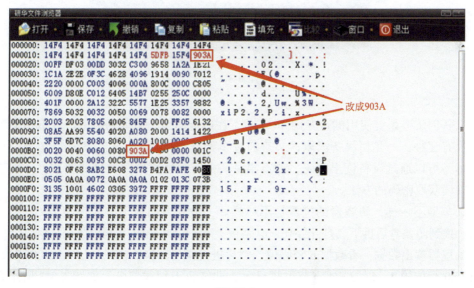

图 6-2-9

补充：在有的车型中使用的交通防盗盒，拆开后无法找到八脚码片，这类防盗盒都是把数据直接存储在 CPU 内部的。例如以下三种 CPU：

❶ CPU 型号 0L72A，使用交通专用 40 芯片；
❷ CPU 型号 0L59A，使用交通专用 44 芯片；
❸ CPU 型号 0L7RA，使用交通专用 40 芯片（设备直接读密码）。

对于前两种 CPU，可以采用拆读的方法，读出数据后密码直接显示在数据位第 10 行的第 11、12 字节，无需计算。

第三节　联创防盗系统

联创防盗系统一般用于奇瑞、东风、华泰、长安等车系上，防盗盒外观有些差异。但是它们有一个共同点，就是使用白色标签的防盗盒（图 6-3-1）。

图 6-3-1

联创防盗系统使用的是专用 46 芯片，在匹配时也是需要密码的。获取密码的途径有三种：一是用设备读取；二是通过车架号进行计算；三是拆读防盗盒。部分车型可以通过设备读出密码，读不出密码的，只能用后两种方式获取。一般使用拆读获取密码的方法。

车型不一样，防盗盒的位置也不一样。一般在方向盘下方或仪表台 CD 机下面。找到防盗盒后拆下，打开外壳，电路板上有一个八角码片 24C02（图 6-3-2），用编程器读出数据，看数据的密码位，然后进行密码转换，密码位置在第 000 行、第 080 行的第 1、2、3、4 字节重复显示，即红色下划线部分，如图 6-3-3 所示数据 C835C2EC，然后字节两两换位成 8C532CCE，再按照联创防盗密码对换表（图6-3-4），转换成真正的密码，即37E89775。

图 6-3-2

C835C2EC
两两前后换位
8C532CCE
对表换算后
37E89775

图 6-3-3

图 6-3-4

例如2010年奇瑞A3，采用联创防盗系统，奇瑞专用46芯片，以设备X300匹配，步骤如下。

步骤一： 连接车上OBD与设备通信，选择"防盗遥控匹配"（图6-3-5）。

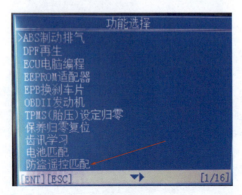

图 6-3-5

步骤二： 选择车型"奇瑞"（图6-3-6）。

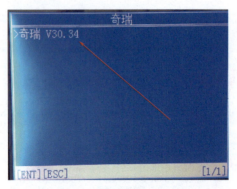

图 6-3-6

步骤三： 选择"防盗密码读取"进入"联创防盗系统"（图6-3-7）。

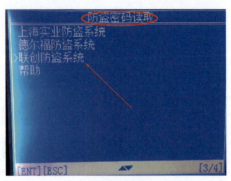

图 6-3-7

步骤四： 设备提示输入车架号（图 6-3-8）。

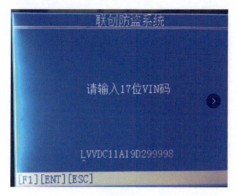

图 6-3-8

步骤五： 输入车架号后，设备通过车架号自动算出密码，密码有两组，拍照记录下密码（图 6-3-9）。

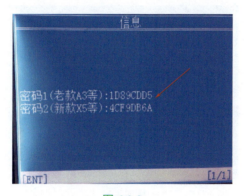

图 6-3-9

步骤六： 退出防盗密码读取选项，进入"防盗系统"选项（图 6-3-10）。

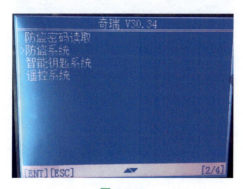

图 6-3-10

步骤七： 选择"联创防盗系统"（图6-3-11）。

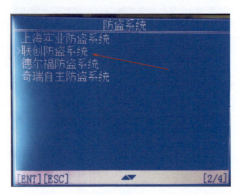

图 6-3-11

步骤八： 进入联创系统以后，选择"编程功能"（图6-3-12）。

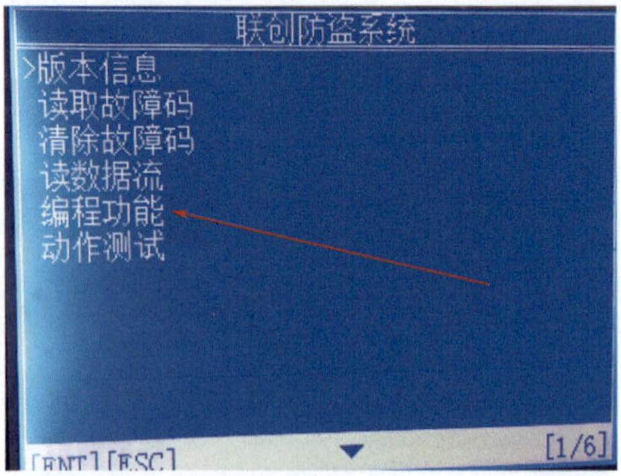

图 6-3-12

步骤九： 选择"钥匙增加"（图6-3-13）。

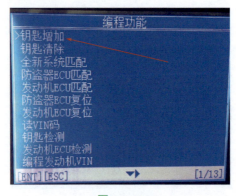

图 6-3-13

步骤十： 设备提示输入密码，先试第一组密码输入，如果设备提示密码错误，再试第二组密码（图6-3-14）。

图 6-3-14

步骤十一： 设备显示"安全校验成功"，说明输入的密码正确（图6-3-15）。

图 6-3-15

步骤十二： 设备显示"匹配成功"，此刻说明钥匙已经和电脑成功匹配（图6-3-16）。

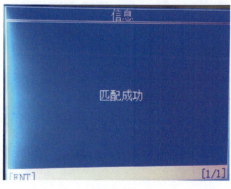

图 6-3-16

第四节 联合电子防盗系统

在很多国产车中使用了联合电子防盗系统,比如奇瑞瑞虎,该系统的防盗盒的原理与联创防盗系统是一样的,这类防盗系统使用的也是专用46芯片。密码的获取方式也是三种:设备读、车架号查询、拆读防盗盒。一般防盗盒位置都在驾驶位方向盘下面。防盗盒外观如图6-4-1所示。

图 6-4-1

拆下防盗盒后,读取八角码片24C02,密码位置在第000行、第080行的第1、2、3、4字节重复显示,即红色下划线部分,如图6-4-2所示数据8C1C DA02,然后字节两两换位成C8C1AD20,再按照联创防盗密码对换表,转换成真正的密码737A169B(参照联创防盗系统)。按照设备提示,输入密码,一步一步操作即可。

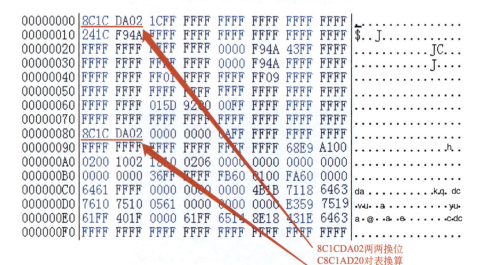

图 6-4-2

第五节　重庆集诚防盗系统

重庆集诚防盗系统一般应用在长安车上比较多，在奔腾车上也有使用，一般用的是46芯片和60芯片。

图6-5-1和图6-5-2所示的都是重庆集诚防盗系统的防盗盒，一个是长安奔奔采用的防盗盒（图6-5-1），一个是奔腾采用的防盗盒（图6-5-2）。这种防盗系统在匹配时需要密码。密码获取方式可通过车架号查询，或者通过设备读取，大多数车型都是免密码的。

图 6-5-1

图 6-5-2

另外这种防盗盒容易出现数据丢失，出现这种情况后一般需要更换全套数据，或者利用发动机电脑数据和钥匙数据进行恢复。还有一种可以取消防盗的方法，如下所示。

找到防盗盒（一般防盗盒位置都在驾驶位方向盘下面），把防盗盒插头线束上的黄绿线与黑蓝线短接，红线与黑白线短接（图 6-5-3）。打开外壳，短接电脑板中与这四根颜色线相通的触点，然后装车即可。

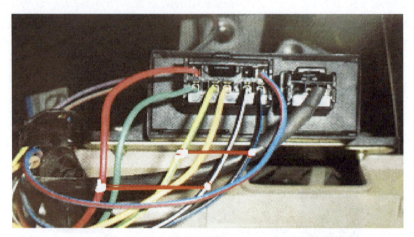

图 6-5-3

第六节　德尔福防盗系统

德尔福防盗系统一般在中华、金杯、长安、长城等车系常见。该系统用的是普通 48 芯片，在匹配时也是需要密码的（部分车型匹配时不需要密码，例如中华和金杯）。可以通过设备读取、车架号查询和拆读电脑获取防盗密码，然后按照设备的提示进行匹配。

例如 2012 年长安欧诺，采用 48 芯片。虽然这款车采用的是德尔福防盗系统，但是在防盗盒里找不到八角码片的可读数据，只能通过拆发动机电脑获取防盗密码。

操作步骤如下。

步骤一： 在车上拆下发动机电脑，其位于发动机舱中蓄电池边上（图 6-6-1）。

步骤二： 打开电脑板，在 CPU 附近有一个八角码片，型号是 95080（图 6-6-2）。

步骤三： 焊下码片，用编程器读出数据，密码在第 0F0 行的第 4、5 字节重复显示，即红色框部分 3FD5（图 6-6-3），密码数据无需转换。记录下密码后，恢复电脑装车。

步骤四： 获得防盗密码以后，即可连接设备进行芯片钥匙匹配。进入"长安欧诺"，选择"匹配钥匙"，按照设备的提示输入密码 3FD5，按提示操作即可。

> **注意：**
> 有时候会遇到一种情况，即使密码正确也显示钥匙匹配失败。这是由于系统中只能有 3 把钥匙的数据，之前的钥匙数据没有清除掉，如果这时直接增加钥匙，当然匹配不上去。所以遇到这种情况，先清除所有钥匙，把之前的钥匙数据清除掉，再重新匹配所有钥匙。

另外少数的中华和金杯车型用的是 13 芯片，并且使用 13 芯片钥匙的中华、金杯在增加钥匙或钥匙全丢时只能通过拆电脑写启动的方法，匹配钥匙。

图 6-6-1

发动机电脑

图 6-6-2

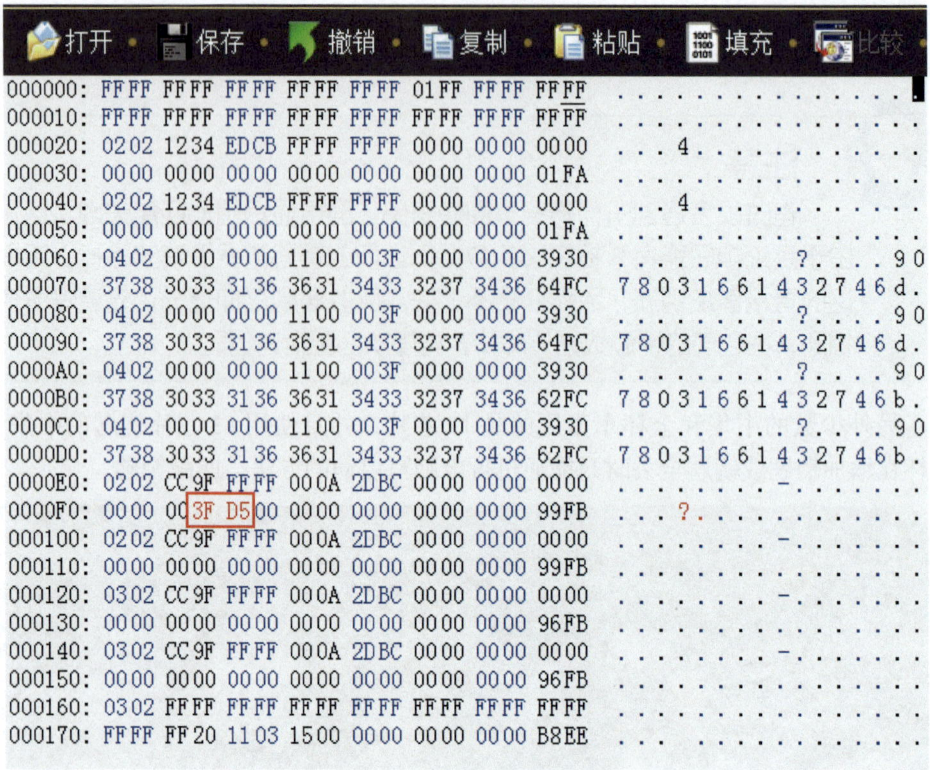

```
打开 · 保存 · 撤销 · 复制 · 粘贴 · 填充 · 比较 ·
000000: FFFF FFFF FFFF FFFF FFFF 01FF FFFF FFFF  ................
000010: FFFF FFFF FFFF FFFF FFFF FFFF FFFF FFFF  ................
000020: 0202 1234 EDCB FFFF FFFF 0000 0000 0000  ...4............
000030: 0000 0000 0000 0000 0000 0000 0000 01FA  ................
000040: 0202 1234 EDCB FFFF FFFF 0000 0000 0000  ...4............
000050: 0000 0000 0000 0000 0000 0000 0000 01FA  ................
000060: 0402 0000 0000 1100 003F 0000 0000 3930  .........?....90
000070: 3738 3033 3136 3631 3433 3237 3436 64FC  78031661432746d.
000080: 0402 0000 0000 1100 003F 0000 0000 3930  .........?....90
000090: 3738 3033 3136 3631 3433 3237 3436 64FC  78031661432746d.
0000A0: 0402 0000 0000 1100 003F 0000 0000 3930  .........?....90
0000B0: 3738 3033 3136 3631 3433 3237 3436 62FC  78031661432746b.
0000C0: 0402 0000 0000 1100 003F 0000 0000 3930  .........?....90
0000D0: 3738 3033 3136 3631 3433 3237 3436 62FC  78031661432746b.
0000E0: 0202 CC9F FFFF 000A 2DBC 0000 0000 0000  ........-.......
0000F0: 0000 003F D500 0000 0000 0000 0000 99FB  ...?............
000100: 0202 CC9F FFFF 000A 2DBC 0000 0000 0000  ........-.......
000110: 0000 0000 0000 0000 0000 0000 0000 99FB  ................
000120: 0302 CC9F FFFF 000A 2DBC 0000 0000 0000  ........-.......
000130: 0000 0000 0000 0000 0000 0000 0000 96FB  ................
000140: 0302 CC9F FFFF 000A 2DBC 0000 0000 0000  ........-.......
000150: 0000 0000 0000 0000 0000 0000 0000 96FB  ................
000160: 0302 FFFF FFFF FFFF FFFF FFFF FFFF FFFF  ................
000170: FFFF FF20 1103 1500 0000 0000 0000 B8EE  ... ............
```

图 6-6-3

例如 2005 年的中华骏捷，采用 13 芯片，德尔福防盗系统。增加钥匙时，可以用 T5 芯片或“掌中宝”多模芯片直接拷贝。如果钥匙全丢，则只能通过拆防盗电脑写启动的方法匹配钥匙了。具体步骤如下。

步骤一：从车上拆下防盗盒电脑（在方向盘下方），其外观如图 6-6-4 所示。

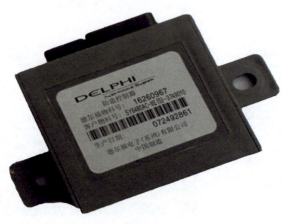

图 6-6-4

步骤二： 打开防盗盒，电脑板中有一个八角码片，型号是93C56（图6-6-5），焊下八角码片，用编程器读出数据。

图 6-6-5

步骤三： 数据读出后，保存原始数据。该车防盗钥匙数据在第020行的第5、6、7、8字节，即C67E 66F5（图6-6-6）。

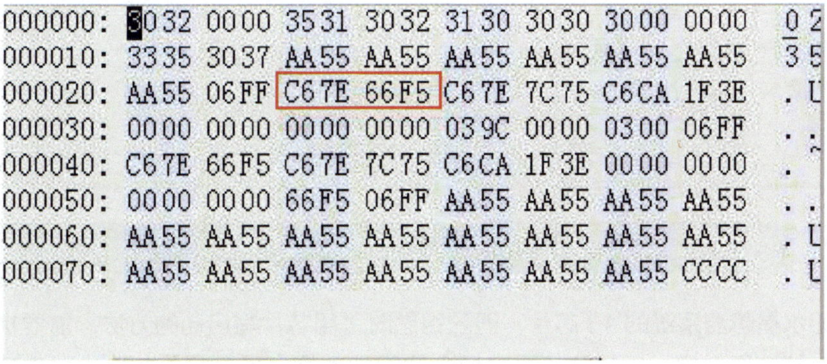

```
000000: 3032 0000 3531 3032 3130 3030 3000 0000  .2..5102100.0...
000010: 3335 3037 AA55 AA55 AA55 AA55 AA55 AA55  3507.U.U.U.U.U.U
000020: AA55 06FF C67E 66F5 C67E 7C75 C6CA 1F3E  .U...~f.~|u...>
000030: 0000 0000 0000 0000 039C 0000 0300 06FF  ................
000040: C67E 66F5 C67E 7C75 C6CA 1F3E 0000 0000  .~f.~|u...>....
000050: 0000 0000 66F5 06FF AA55 AA55 AA55 AA55  ....f....U.U.U.U
000060: AA55 AA55 AA55 AA55 AA55 AA55 AA55 AA55  .U.U.U.U.U.U.U.U
000070: AA55 AA55 AA55 AA55 AA55 AA55 AA55 CCCC  .U.U.U.U.U.U.U..
```

图 6-6-6

步骤四： 记录下钥匙防盗数据。用"掌中宝"生成一个13芯片，在生成13芯片的界面，把记录好的钥匙数据填在IMMO中。注意IMMO中是5个字节的数据，填写之前，在钥匙数据C67E66F5前面加一个固定的字节20，即20C67E66F5（图6-6-7）。

图 6-6-7

步骤五： IMMO 数据改好以后，把芯片放入"掌中宝"感应线圈内，点击"生成"（图 6-6-8）。设备提示生成成功后，恢复防盗盒电脑，装车，这个生成好的芯片即可用于着车。

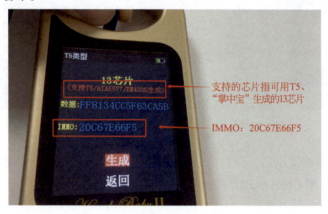

图 6-6-8

注意：
这个 13 芯片用 T5 或者"掌中宝"生成。

总结

德尔福防盗系统的 13 芯片，匹配钥匙时采用芯片写启动的方法。需要拆下防盗盒电脑读取数据。通过防盗盒数据中的钥匙数据，手工写入芯片。写防盗数据 IMMO 的时候，20 开头是固定的。

第七节 西门子防盗系统

西门子防盗系统一般用于长丰猎豹、吉利帝豪、中华、长城等车型，该系统用的是 46 芯片的类型。匹配钥匙时需要防盗密码，密码可以通过车架号查询、设备读取、拆读防盗盒电脑三种方法获取。当设备读不出密码时，建议采用拆读防盗盒电脑获取密码的方法。有了密码以后，按照设备提示操作。

例如 2010 年帝豪 EC715，采用西门子防盗系统，使用吉利专用 46 芯片。增加钥匙时，可以用"掌中宝"或 VVDI 手持机直接拷贝。如果钥匙全丢匹配，匹配时还需要密码，部分车型通过设备可以直接读出密码。该款车型通过设备读不出密码，因此采用第三种方法拆读防盗盒获取密码。操作步骤如下。

步骤一： 拆下防盗盒电脑，防盗盒在方向盘下方（其外观如图 6-7-1 所示）。

图 6-7-1

步骤二： 拆下防盗盒后将其打开，电脑板里面有一个八角码片，型号是 93C56（图 6-7-2），焊下八角码片，用编程器读出数据。

步骤三： 读出数据后，密码数据在第 020 行的第 15、16 字节和第 0D0 行的第 13、14 字节重复显示（图 6-7-3）。数据位 258E 换位成 8E25 就是防盗密码。

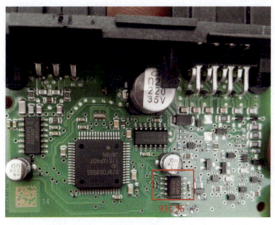

图 6-7-2

```
00000000  446F 6E27 7454 6F75 6368 4D79 4B65 79AE  Don'tTouchMyKey.
00000010  0102 0CDE 109C 6CC8 DC2B 441B 700B 6C1A  .....l..+D.p.l.
00000020  E29E 19D2 7216 ECBF E5CE 3523 D429 258E  ....r.....5#.").%.
00000030  7A40 2DF3 F497 2442 6C51 9542 FA2A 9114  z@-...$BlQ.B.*..
00000040  0925 690C 41A9 7DA8 4001 9B7D A840 01F4  .%i.A.}.@..}.@..
00000050  0000 0000 0000 0000 0000 0000 0000 0000  ................
00000060  0000 0001 0000 0000 0000 0000 0000 0000  ................
00000070  FFFF FFFF 0101 2020 2020 2020 2020 201E  ................
00000080  2020 2020 2020 2020 2020 2020 2020 4101            A.
00000090  0000 0000 0000 0000 0000 0000 0000 0000  ................
000000A0  0000 0000 0000 0000 0000 0000 0000 0000  ................
000000B0  0000 0000 0000 0000 0000 9B7D A840 A9A9  ...........}.@..
000000C0  7DA8 4000 0000 0000 0000 0000 0000 0065  }.@............e
000000D0  0000 0000 0000 0000 0000 0000 258E FFFF  ............%...
000000E0  FFFF 02FF FFFF FFFF FFFF FFFF FFFF FFF4  ................
000000F0  FFFF FFFF FFFF FFFF FFFF FFFF FFFF FFF1  ................
```

258E换位成 8E25就是密码

图 6-7-3

步骤四： 连接 OBD，让设备通信。选择车型帝豪 EC715，选择钥匙匹配，输入密码 8E25，然后按照设备提示，一步一步操作即可完成钥匙匹配。

第七章
日韩车系防盗原理与编程技术

第一节　本田车系

本田车系防盗可以说是很简单的，几乎所有本田车系都可以用市面上的匹配仪 OBD 匹配，增加钥匙和钥匙全丢一样。按照车型年款来区分它使用的芯片，按照钥匙类型区分为直柄钥匙、折叠钥匙、智能卡钥匙。

2003 年前老款本田 2.3 的车型有老款雅阁、老款奥德赛等（图 7-1-1）。现在已经很少见了，钥匙分为带芯片的和不带芯片的，带芯片的是 13 芯片。平铣的直柄芯片钥匙如图 7-1-2 所示，遥控器频率为 315MHz、433MHz。

图 7-1-1

图 7-1-2

> **注意：**
> 匹配时，设备需要用本田3针诊断专用接口（图7-1-3），OBD位置在方向盘下方的饰板盖内。

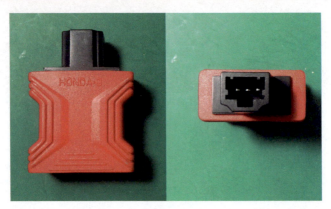

图 7-1-3

2003～2007年的车型有第七代雅阁、飞度、奥德赛、老款CRV、思迪等。立铣直柄的芯片钥匙如图7-1-4所示，遥控器频率为315MHz、433MHz。芯片有两种：普通48芯片和8E芯片。从原车钥匙坯头上字样区分，其上钢印"R"字样的是雅阁48芯片，钢印"H"字样的是飞度8E芯片（图7-1-5）。

图 7-1-4

图 7-1-5

2007年后的车型有第八代雅阁、CRV、飞度、奥德赛、锋范、思域、思铂睿等。立铣折叠或直柄的遥控钥匙如图7-1-6所示，其为电子46芯片，配好芯片后遥控器自动生成。高配车型采用智能卡钥匙（图7-1-7），例如第八代雅阁、歌诗图、思铂睿等，小钥匙采用普通46（7936）芯片，遥控器频率为315MHz、433MHz。

图 7-1-6

图 7-1-7

2014年后的新款车型有思铂睿、XRV、凌派等。立铣折叠或直柄的遥控钥匙如图7-1-8所示，其为电子47芯片，配好芯片后遥控器自动生成。高配车型采用智能卡钥匙（图7-1-9），例如第八代雅阁、歌诗图、思铂睿等，遥控器频率为315Hz、433Hz。

图 7-1-8

图 7-1-9

本田车型遥控器手工匹配方法如下：

❶ 用钥匙打开点火开关到"ON"挡，按遥控锁键一次。

❷ 关闭点火开关，再打开点火开关到"ON"挡，按遥控锁键一次。

❸ 重复步骤❷，一共4次，第4次保持钥匙在"ON"挡，按完锁键后，中控动作，表示进入手工匹配模式。然后按开锁键，再按其他任意键，完成。

本田智能卡　分半智能、全智能，用设备直接匹配，不需要密码。

半智能：启动方式为旋钮着车（图7-1-10），也可以用小钥匙着车，小钥匙带46芯片，用设备直接匹配，也可先配智能卡，再配小钥匙，例如第八代雅阁车型。

图 7-1-10

全智能：启动方式为一键式启动（图7-1-11），每个车型智能卡都是专车专用的，例如思铂睿、CRV 等。

图 7-1-11

案例： 2013年本田CRV，增加钥匙，原车是智能钥匙（图7-1-12），一键启动着车，频率是433MHz。

图 7-1-12

详细步骤如下。

用设备 X300 连接 OBD 通信,设备打开以后选"功能选择"(图 7-1-13)。

图 7-1-13

选择"本田/讴歌"(图 7-1-14)。

图 7-1-14

选择"本田"（图 7-1-15）。

图 7-1-15

选择"按车型"（图 7-1-16）。

图 7-1-16

选择车型"Crv"（图 7-1-17）。

图 7-1-17

选择年款"2006-"（图7-1-18）。

图 7-1-18

选择"添加1把钥匙"（图7-1-19）。

图 7-1-19

选择"智能钥匙系统"（图7-1-20）。

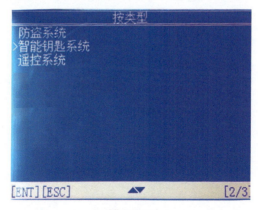

图 7-1-20

选择"按键式"（图 7-1-21），因着车是一键启动的，然后点击"[ENT]"。

图 7-1-21

选择类型，"类型 1"进不去就选"类型 2"（图 7-1-22）。

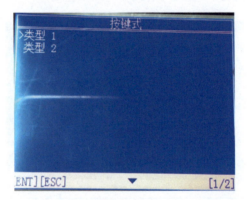

图 7-1-22

选择"智能钥匙增加"（图 7-1-23）。如果是钥匙全丢，前面的操作方法是一样的，在这里选择"智能钥匙丢失"，即可按照钥匙全丢匹配。

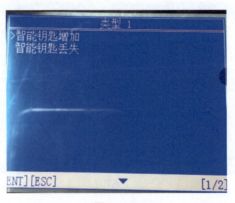

图 7-1-23

按照设备的提示"按两下启动按钮,是否能打开点火开关?"(图 7-1-24),因为是增加钥匙,所以能打开点火开关,并点击确定"[ENT]"。如果是钥匙全丢,则点击"[ESC]"。

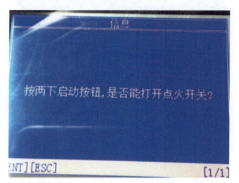

图 7-1-24

按照设备的提示(图 7-1-25),"把所有的智能钥匙拿出车外",点击确定"[ENT]"。

图 7-1-25

接下来设备会提示"将一把已匹配智能钥匙放在车里",就是将原车钥匙拿到车内,然后点击确定"[ENT]"(图 7-1-26)。

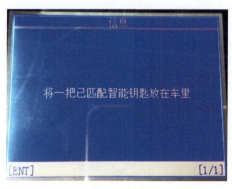

图 7-1-26

后面步骤设备会提示把新钥匙放入车内，其他钥匙拿出车外。最后显示匹配成功（图 7-1-27），全部操作匹配完成，接下来试试新钥匙遥控和着车功能，全部成功。

图 7-1-27

第二节 丰田、雷克萨斯车系

丰田汽车可以说在市面上的保有量是很高的，也是遇到配钥匙的品牌，而雷克萨斯作为丰田旗下的高档车型，其防盗系统基本和丰田一样，所以操作过程、配件及注意事项不再另行描述。下面介绍丰田及旗下车型的一些概况。

丰田汽车从 1998 年开始加入了电子防盗系统，从最开始的防盗电脑到集成在发动机上的电脑，再到防盗电脑和集成在发动机上的电脑同时存在，丰田的防盗系统变化不是很快，所以在理解的时候也可以大体根据固定年款来区分钥匙防盗芯片的种类，而且随着现在解码设备的更新换代，目前匹配丰田汽车的防盗钥匙要简单、方便很多。

从钥匙类型可以分为直柄遥控钥匙（图 7-2-1）、分体遥控钥匙（图 7-2-2）、折叠遥控钥匙（图 7-2-3）和智能卡钥匙（图 7-2-4）。

图 7-2-1

图 7-2-2

图 7-2-3

图 7-2-4

在此描述一下丰田的防盗规则：丰田和雷克萨斯的汽车防盗芯片钥匙有主钥匙及副钥匙之分，匹配的时候若有主钥匙，是可以通过解码设备来进行防盗芯片匹配的；若没有主钥匙，只剩下副钥匙，或者没有钥匙，是不能进行防盗芯片匹配的。

主钥匙和副钥匙可以通过以下几个方面来判断。

❶ 通过钥匙的齿形或者钥匙的槽形来区分（图 7-2-5）。

❷ 通过观察车上的防盗灯来区分，主钥匙插入点火开关以后防盗灯不亮，副钥匙插入点火开关后防盗灯亮一下后熄灭。

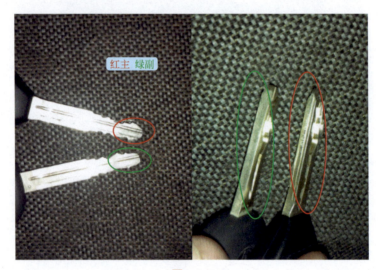

图 7-2-5

以下是根据年款来大概区分一下防盗芯片的使用。

2004 年前的车，基本上都是用的 ID4C 钥匙防盗芯片；2010 年前丰田花冠用的也是 ID4C 芯片。

丰田汽车的钥匙不光在齿形上采用了主副钥匙的区分，在芯片的数据上同样也有主副的区分。下面介绍 ID4C 芯片的区分方法。

ID4C 芯片本身并没有主副之分，而是在丰田汽车的防盗模块中根据 ID4C 的 EPPROM 储存位置来划分的，用如图 7-2-6 所示的数据来直观地看一下。

图 7-2-6 中标示出了防盗模块中储存的 3 个钥匙的数据，其中 KEY1 和 KEY2 是主钥匙，KEY3 是副钥匙。在图 7-2-6 中，可以看出，KEY1 蓝色部分和 KEY2 绿色部分为主钥匙位，KEY3 红色部分为副钥匙位。这部分应该是很好理解的，假如把 KEY1 蓝色部分和 KEY3 红色部分调换一下位置，那么 KEY3 就变成了主钥匙，KEY1 就变成了副钥匙，这说明 ID4C 芯片的主副之分是通过 EPPROM 的储存位置来划分的。

```
KEY1: 92 6E 97 07        KEY2: 6E 36 8E 07        KEY3: 4F F3 89 07
00000000 926E 0000 0000 0000 6E36 0000 1010 0000 .n....n6....
00000010 926E 0000 4FF3 0000 0000 0000 0000 0000 .n..O.......
00000020 926E 0000 4FF3 0000 6E36 0000 FF00 0000 .n..O..n6...
00000030 6E36 0000 4FF3 0000 0000 FBDF 0000 0000 n6..O.......
00000040 0000 0000 0000 0000 0000 0000 0000 0000 ............
00000050 0000 0000 0000 0000 0000 0000 0000 0000 ............
00000060 0000 0000 0000 0000 0000 0000 FF00 0000 ............
00000070 0000 0000 0000 0000 0000 0000 0000 0000 ............
00000080 9707 0000 0000 0000 8E07 0000 10FC 0000 ............
00000090 9707 0000 8907 0000 0000 0000 0000 0000 ............
000000A0 9707 0000 8907 0000 8E07 0000 FF00 0000 ............
000000B0 8E07 0000 8907 0000 0000 5A69 0000 0000 .........Zi..
000000C0 0000 0000 0000 0000 0000 0000 FF00 0000 ............
000000D0 0000 0000 0000 0000 0000 0000 0000 0000 ............
000000E0 0000 0000 0000 0000 0000 0000 FF00 0000 ............
000000F0 0000 0000 0000 0000 0000 0000 0000 0000 ............
```

图 7-2-6

主副钥匙的划分了解了，下面看一下对于使用 ID4C 芯片的丰田汽车用什么方法匹配防盗芯片。

❶ 车主拥有主钥匙，可以通过两种方法来进行防盗芯片的匹配。

第一，通过解码器来进行防盗芯片的匹配，如朗仁 i80、道通 808、K518、X300 等。

第二，使用"掌中宝"拷贝（拷贝芯片要使用 JMD/ 蓝魔或红魔芯片拷贝）。但是有一点，复制出来的钥匙还是副钥匙。

❷ 车主只有副钥匙，可以通过以下几种方法来进行匹配。

第一，使用"掌中宝"拷贝（拷贝芯片要使用 JMD/ 蓝魔或红魔芯片拷贝），这种方法最简单，不过成本比较高。

第二，拆下防盗模块，读出 EEPROM 数据，找到钥匙位置，再通过"掌中宝"测量要匹配的 ID4C 芯片的 EEPROM 数据，把测量出来的数据手工填写到钥匙位上，将数据写回，装车即可。

第三，拆下防盗模块，读出 EEPROM 数据，把数据改写成初始化数据，装回车里，准备 3 个 4C 芯片，每个芯片依次打开点火 1min，匹配完成，3 个芯片都可以启动车辆，然后按需交给车主即可。

❸ 车主钥匙全部丢失，可以通过以下两种方法来进行匹配。

第一，拆下防盗模块，读出 EEPROM 数据，找到钥匙位置，再通过"掌中宝"

测量要匹配的 ID4C 芯片的 EEPROM 数据，把测量出来的数据手工填写到钥匙位上，将数据写回，装车即可。

第二，拆下防盗模块，读出 EEPROM 数据，把数据改写成初始化数据（初始化数据），即保留 DFFB 和 695A 字节及右侧部分，其余全部改成 0 即可，如图 7-2-7 所示，装回车里，准备 3 个 4C 芯片，每个芯片依次打开点火开关 1min，匹配完成，3 个芯片都可以启动车辆，然后按需交给车主即可。

```
0x00: 00 00 00 00 00 00 00 00 00 00 00 00 00 00 00 00  ................
0x10: 00 00 00 00 00 00 00 00 00 00 00 00 00 00 00 00  ................
0x20: 00 00 00 00 00 00 00 00 00 00 00 00 FF 00 00 00  ............ÿ...
0x30: 00 00 00 00 00 00 00 00 00 00 00 00 DF FB 00 00  ............ßû..
0x40: 00 00 00 00 00 00 00 00 00 00 00 00 00 00 00 00  ................
0x50: 00 00 00 00 00 00 00 00 00 00 00 00 00 00 00 00  ................
0x60: 00 00 00 00 00 00 00 00 00 00 00 00 70 77 00 00  ............pw..
0x70: 00 00 00 00 00 00 00 00 00 00 00 00 00 00 00 00  ................
0x80: 00 00 00 00 00 00 00 00 00 00 00 00 00 00 00 00  ................
0x90: 00 00 00 00 00 00 00 00 00 00 00 00 00 00 00 00  ................
0xA0: 00 00 00 00 00 00 00 00 00 00 00 00 FF 00 00 00  ............ÿ...
0xB0: 00 00 00 00 00 00 00 00 00 00 00 00 69 5A 00 00  ............iZ..
0xC0: 00 00 00 00 00 00 00 00 00 00 00 00 FF 00 00 00  ............ÿ...
0xD0: 00 00 00 00 00 00 00 00 00 00 00 00 00 00 00 00  ................
0xE0: 00 00 00 00 00 00 00 00 00 00 00 00 70 77 00 00  ............pw..
0xF0: 00 00 00 00 00 00 00 00 00 00 00 00 00 00 00 00  ................
```

图 7-2-7

2004 年以前的车型已经了解了，接下来了解一下 2004～2009 年的车型所使用的 ID4D 防盗芯片。

丰田用的 4D 芯片大体上可以分成 3 种，分别是 4D67、4D68、4D72。2004～2009 年的丰田车主要用的是 4D67 和 4D68 芯片，所以先来介绍这两种芯片的基础知识。

在介绍 4C 芯片的时候，提到丰田的防盗规则，即钥匙是分为主钥匙和副钥匙的，在采用了 ID4D 芯片以后，这个规则还是存在的，只不过和 ID4C 不同的是，ID4D 芯片本身就是有主副之分的，通过"掌中宝"测量就可以看出主副钥匙。

67 芯片和 68 芯片的主副钥匙区分是在芯片数据里的密码项里体现的，见表 7-2-1。

表 7-2-1

67 主：	32	52	72	B2	D2	67 副：	92
68 主：	30	50	70	B0	D0	68 副：	90

表 7-2-1 描述的是 67 主芯片密码项为 32、52、72、B2、D2（图 7-2-8），副芯片密码项为 92（图 7-2-9）。68 主芯片密码项为 30、50、70、B0、D0（图 7-2-10），副芯片密码项为 90（图 7-2-11）。

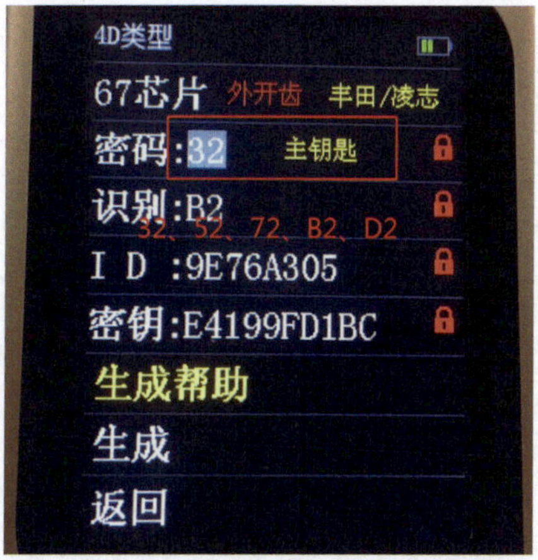

图 7-2-8

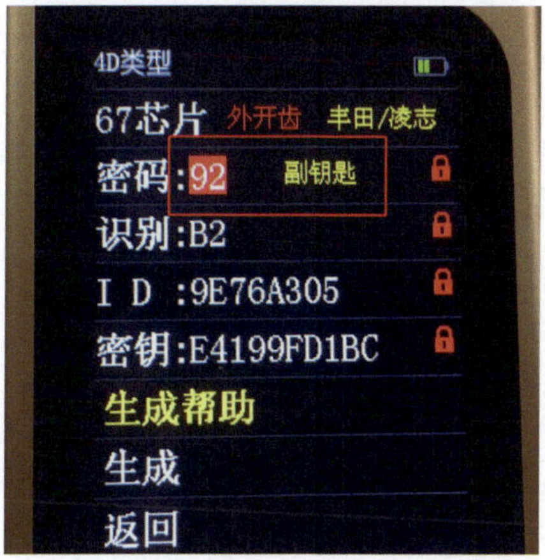

图 7-2-9

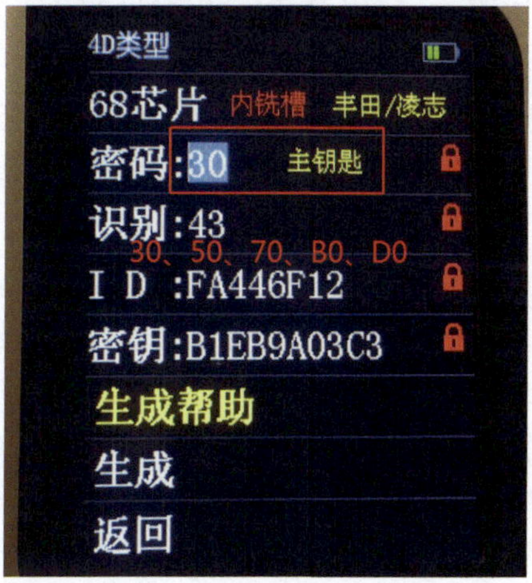

图 7-2-10

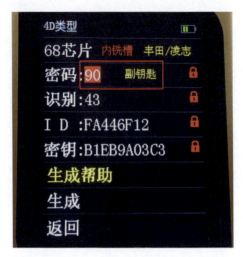

图 7-2-11

图 7-2-8～图 7-2-11 是用"掌中宝"实际测量芯片显示的数据,可以作为参考。接下来来介绍钥匙芯片的匹配方法。

1. 有主钥匙增加钥匙

方法 1: 通过解码设备进行匹配,如朗仁 i80、道通 808、K518 等,操作起来很简单。

方法 2: 通过"掌中宝",使用 JMD 专用拷贝芯片复制一个可以启动车辆的防盗芯片,这种方法是最快捷和简单的,对于刚刚入门的维修技师来说,降低了不少难度。

2. 有副钥匙增加钥匙

方法 1: 通过"掌中宝",使用 JMD 专用拷贝芯片来复制可以启动车辆的防盗芯片,但是有一点,复制出来的还是副钥匙。

方法 2: 通过解码设备来初始化防盗电脑数据(相当于恢复出厂设置),初始化完成后,最少要准备 2 个主芯片来进行匹配,根据设备提示操作。

3. 钥匙全部丢失

方法: 通过解码设备来初始化防盗电脑数据(相当于恢复出厂设置),初始化完成后,最少要准备 2 个主芯片来进行匹配,根据设备提示操作。

从 2010 年开始,丰田的防盗芯片换成了 ID4D72 的防盗芯片,通常称其为"G"芯片,因为用这种芯片的丰田车钥匙铁头上都会打着一个英文字母"G"(图 7-2-12)。"G"芯片同样本身就分主和副,这点可以通过"掌中宝"等设备测量得知。以下介绍"G"芯片的匹配方法。

图 7-2-12

1. 有主钥匙配钥匙

方法1： 使用解码设备来进行芯片匹配，如道通 808、K518 等。

方法2： 通过"掌中宝"，使用 JMD 专用拷贝芯片来复制可以启动车的防盗芯片。

2. 有副钥匙配钥匙

方法1： 通过"掌中宝"，使用 JMD 专用拷贝芯片来复制可以启动车的防盗芯片，但是有一点，复制出来的还是副钥匙。

方法2： 通过解码设备来初始化防盗电脑数据（相当于恢复出厂设置），初始化完成后，最少要准备 2 个主芯片来进行匹配，根据设备提示操作。

3. 钥匙全部丢失

方法： 通过解码设备来初始化防盗电脑数据（相当于恢复出厂设置），初始化完成后，最少要准备 2 个主芯片来进行匹配，根据设备提示操作。

2014 年后新款丰田防盗芯片采用的是丰田专用 8A 芯片，这种芯片的钥匙都是专用、折叠的，8A 芯片也分主副，副钥匙可以增加钥匙。通过小宝等设备测量可以得知。8A 芯片的钥匙匹配方法如下。

1. 有钥匙配钥匙

方法： 使用解码设备进行芯片匹配，芯片必须是专用的。可以用道通 808、K518、i80 等仪器匹配。

2. 钥匙全部丢失

方法： 在没有特殊设备支持的情况下，直接拆仪表台，在空调蒸发器附近找到防盗盒（图 7-2-13）。更换全新防盗盒，连接 K518、道通 808 等设备，直接增加钥匙即可着车。

图 7-2-13

具体更换匹配步骤：更换新的防盗盒后，用设备先进行匹配，完成后再匹配芯片钥匙，钥匙匹配完成后，快速打开关点火开关直到防盗灯熄灭。匹配完成后如果钥匙还不能启动，可短接 OBD 诊断接口的 4 脚和 13 脚，打开点火开关，等待 45min，让电脑完成同步即可（注意：防盗盒是一次性的）。

丰田遥控器手工匹配方法如下（适用于凯美瑞、霸道、锐志、RAV4 等车型）。

❶ 打开主驾驶门，其他车门关闭。

❷ 钥匙插拔点火开关 2 次，门关开 2 次。

❸ 钥匙插拔点火开关 1 次，门关开 2 次。

❹ 插入钥匙，关闭车门，用钥匙开关点火开关（OFF-ON）1 次，拔出钥匙（打开点火开关 1 次，表示增加遥控；打开点火开关 2 次，表示重置遥控），门中控锁动作，表示进入学习模式。

❺ 依次按需要匹配的遥控器：同时按住锁和开键 1s，松开，再按锁键 1s，中控动作，学习完成。

智能卡，首先我们先区分智能卡型号，丰田智能卡的区分不能看外形，而要看电路板型号，型号如图 7-2-14 所示，"0140"就是这个卡的型号，这是 2008 年以前凯美瑞专用的。

图 7-2-14

表 7-2-2 大致列出部分车型智能卡型号。

表 7-2-2

型号	车型
0111	2008 年款卡罗拉、锐志、RAV4
0140	2008 年款霸道和雷克萨斯，2009 年款凯美瑞和汉兰达
0310、3370	2009 年以后凯美瑞，2010 年款霸道和雷克萨斯
5290	2008 年以后新皇冠锐志带有 X 标识和部分雷克萨斯
0020	2012 年款凯美瑞专用
7930	2012 年款皇冠和锐志通用、2012 年款霸道
7990	2013 年款汉兰达
7980	2012 年款 RAV4
A433/F433	中东版兰德酷路泽

丰田智能卡钥匙匹配方法如下。

1. 有钥匙增加钥匙

要确定好具体车型，哪年的车，然后把智能卡取出来，看智能卡的型号，根据智能卡的型号找一个和原车一样的卡，然后用设备匹配仪上车匹配，如 K518、道通 808、朗仁 i80 等，按设备提示操作即可。

2. 钥匙全丢

以前丰田智能卡钥匙全丢很麻烦，有些车型需要拆智能盒电脑、防盗电脑和方向锁电脑，读数据，写数据，初始化，再通过设备匹配等一系列的方法。由于现代的科技发达，部分厂家已经研发出通过 OBD 免拆来匹配的设备，如领世达 K518（图 7-2-15）。

图 7-2-15

若钥匙全丢，只需要根据年款或车架号查出智能卡型号，然后按设备 K518 的提示进行匹配即可。需要配合 K518 的 SKE 智能钥匙模拟器，如图 7-2-16 所示。该模拟器支持 ID 是 94、D4、98、88、A8、39、A9 类型的智能卡钥匙。

图 7-2-16

第三节　马自达车系

　　马自达车系钥匙防盗匹配也是很简单的，老年款车型和大部分新款车型钥匙都使用 4D63 芯片，少部分新款车型使用的是 4D83（4D63+）芯片。按照钥匙类型可以分为分体遥控钥匙（图 7-3-1）、折叠钥匙（图 7-3-2）和智能卡钥匙（图 7-3-3）。采用分体钥匙的马自达车型已经很少见了，一般用在老款马自达 6 和老款马自达 3。

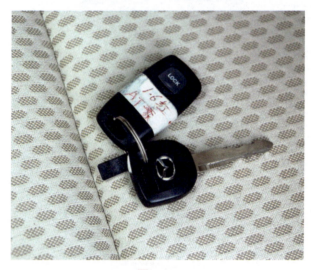

图 7-3-1

图 7-3-2

一键启动式

老款旋钮式智能卡

图 7-3-3

马自达车系高配车型采用智能卡钥匙,智能卡类型分两种。

❶ 老款智能卡,旋钮着车方式(图 7-3-4),小钥匙带 63 芯片。匹配智能卡时,还需要匹配小钥匙。

图 7-3-4

❷新款智能卡，着车一键启动式（图 7-3-5），小钥匙不带芯片。

图 7-3-5

钥匙的匹配方法如下。

1. 有钥匙增加钥匙

▶ **方法 1**：用解码设备进行芯片匹配，如道通 808、K518 等（老款智能卡的车型，小钥匙是带 4D63 芯片的，匹配完智能卡后还需要匹配小钥匙）。

▶ **方法 2**：通过"掌中宝"，使用 JMD 专用拷贝芯片复制一个可以启动车辆的防盗芯片，这种方法是最快捷、简单的（不支持拷贝智能卡）。

2. 钥匙全丢

用设备按提示直接匹配，老款智能卡旋钮式的小钥匙带 4D63 芯片，全丢匹配时，先配小钥匙，后配智能卡，根据设备提示即可。

手工匹配方法如下。

❶打开主驾驶门，其他车门关闭。

❷用钥匙打开点火开关 3 次（OFF-ON），保持关。

❸主驾驶门开关 3 次，保持开，门锁中控动作，表示进入学习模式。

❹依次按需要匹配的遥控开键 2 下，中控动作，学习完成。

第四节　尼桑、英菲尼迪车系

尼桑汽车在市面上的保有量也是很高的，也是常遇到的品牌，而英菲尼迪作为尼桑旗下的高档车型，其防盗系统基本和尼桑一样，所以操作过程、配件及注意事项不再另行描述。下面介绍尼桑旗下车型的概况。

尼桑车系在 2005 年前用的是普通 60 芯片，也有部分车型是不带芯片的，例如老款车型风度 A33、A32，老款阳光等。匹配芯片钥匙也是很简单的，只要按照设备流程操作，输入固定密码 5523，根据设备提示匹配即可。

2005 年后防盗芯片为普通 46 芯片（7936），部分低配车型是不带芯片的。匹配时需要密码，通过设备读取 BCM 码转换成防盗密码，一个是新密码，一个是旧密码。新密码一般用于 2010 年后的车型，旧密码用于 2009 年前的车型。按照车型年款输入正确密码，根据设备的提示匹配操作。

遥控器分为两种型号，即 VDO 的和电波的。分体遥控器在其背面字样显示如图 7-4-1 所示。直柄遥控钥匙（图 7-4-2）和折叠遥控钥匙（图 7-4-3）的区分是按住遥控器任意键，遥控器灯持续闪烁为电波的型号，规律的间歇性闪烁和闪一下灯就灭是 VDO 的型号，遥控频率为 315MHz、433MHz。

  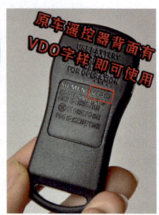

图 7-4-1

图 7-4-2　　　　　　　　　　　　　图 7-4-3

手工匹配方法如下。

❶ 关闭所有车门，手动锁上门上的中控锁。

❷ 钥匙插拔点火开关 6 次，门锁中控动作（门锁自动开），进入学习模式，

用钥匙迅速打开点火到"ACC"挡,手动锁上中控锁。

❸ 按第 1 个遥控器任意键,中控锁动作,再手动锁上中控锁,按第 2 个遥控器任意键,中控锁动作,学习完成。如有其他遥控器,继续操作本步骤(如果匹配模式进不去,断开蓄电池负极 2min 即可)。

尼桑车系智能卡分两种:老款半智能和全智能。

半智能:旋钮着车(图 7-4-4),也可以用小钥匙着车,小钥匙带 46(7936)芯片。

图 7-4-4

半智能钥匙匹配方法如下。

有钥匙配钥匙:选择设备中"增加智能卡"选项,按照设备提示匹配,如果智能卡匹配不上,把智能卡靠近中控仪表台附近,轻按一下智能卡遥控器任意按键即可。

钥匙全丢匹配:先配小钥匙,再配智能卡。匹配时,切记不能用设备激活方向盘锁,可通过点火锁后面的开关线束(图 7-4-5)来拧开和关闭钥匙。

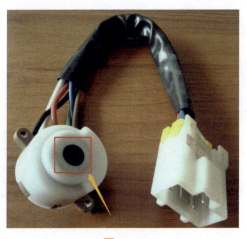

图 7-4-5

全智能：着车是一键启动的方式（图7-4-6）。

图 7-4-6

全智能卡钥匙分两种：带卡槽和不带卡槽。

❶ 钥匙带卡槽（图7-4-7），着车一键启动方式。当钥匙没电的时候，钥匙可插入卡槽启动，卡槽位置在启动按钮下方（图7-4-8）。这种类型的钥匙只用于2008～2012年的天籁。

❷ 钥匙不带卡槽（图7-4-9），着车一键启动方式。当钥匙没电的时候，钥匙可贴入启动按钮着车。车型：2013年后天籁、新阳光、新轩逸、英菲尼迪Q70等。

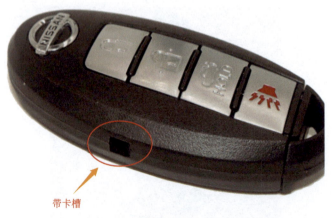

带卡槽

图 7-4-7

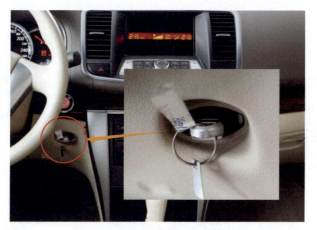

图 7-4-8

图 7-4-9

全智能钥匙匹配方法如下。

匹配时，必须先激活方向盘锁，再匹配智能卡。先通过设备读取 BCM 内码，设备会自动转换成两组密码，即旧密码和新密码。新密码一般用于 2010 年后的车型，旧密码用于 2009 年前的车型，然后根据设备提示匹配操作。

第五节　铃木车系

铃木车系防盗也很简单，防盗芯片可以分为三种：4D60、4D65 和普通 46 芯片。按钥匙类型分为直柄遥控钥匙（图 7-5-1）、半智能卡钥匙（图 7-5-2）和全智能钥匙（图 7-5-3）。

图 7-5-1　　　　　　　　　图 7-5-2　　　　　　　　　图 7-5-3

钥匙的匹配方法如下。

1. 有钥匙配钥匙

方法1：用解码设备进行防盗匹配，按设备提示操作，例如道通 808、K518、朗仁 i80 等。

方法2：通过"掌中宝"，使用 JMD 专用拷贝芯片复制一个可以启动车辆的防盗芯片，这种方法是最快捷、简单的。

2. 钥匙全丢

用设备直接匹配，根据设备提示操作。

对于新款奥拓，钥匙全丢时需拆发动机电脑，用编程器读取八角码片 93A56（用 93C56 读）数据，数据读出来以后，用 VVDI Ⅱ 或 TM100 等设备写钥匙。

铃木车系智能卡类型分为以下 2 种。

❶ 半智能，旋钮着车，智能卡小钥匙带芯片，用的是普通 46 芯片，匹配时还需要匹配小钥匙，智能卡采用手工匹配。如果智能卡没电，可以通过小钥匙着车（车型如天语 SX4、维特拉等）。

❷ 全智能，着车一键启动方式，智能卡钥匙是 47 芯片类型（车型如锋驭），设备可以读出密码匹配，根据设备提示操作。

铃木天宇智能卡手工匹配方法如下。

❶ 关闭所有车门，将钥匙插入点火开关"LOCK"挡位，按门上中控锁关开 3 次，保持关状态（关开、关开、关开、关）。

❷ 将钥匙点火开关插拔 3 次，保持、插入状态（插拔、插拔、插拔、插），迅速着车 3～6s，然后熄火，关闭钥匙到"LOCK"挡位，中控锁动作。

❸ 依次按智能卡遥控器任意键，中控锁动作，完成。

铃木车系遥控器手工匹配方法。

❶ 打开主驾驶车门，其他车门关闭，用钥匙打开点火开关 1 次（OFF-ON），然后拔出，关开门 3 次，保持开。

❷ 用钥匙再打开点火开关 1 次（OFF-ON），然后拔出，中控锁动作，进入学习模式。按需要匹配的遥控器任意键，中控锁动作，完成。

第六节　三菱车系

三菱车系防盗系统有带芯片和不带芯片的，不带芯片的如君阁、蓝瑟、菱绅等，带芯片的车型钥匙是 4D61 芯片和专用 46 芯片。

钥匙匹配方法：增加钥匙和钥匙全丢匹配方法一样，设备可以用道通 808、朗仁 i80、K518 等，部分车型匹配时需要防盗密码，它们都有固定的密码，如下所示。

阁蓝：1530 或 2949。

格兰迪：4135 或 1530。

欧蓝德：8A32 或 8A42。

帕杰罗：5176 或 1803。

知道密码以后，连接 OBD 通信设备，找到对应的车型，输入密码，按照设备的提示匹配操作。

智能卡的车型如欧蓝德、劲炫等，采用专用的智能卡，频率为 315MHz 和 433MHz。智能卡钥匙匹配很简单，只要认准智能卡的型号和频率，按照设备的提示，匹配操作即可。

三菱欧蓝德遥控器手工匹配方法如下（通用帕杰罗）。

❶ OBD 诊断口 1 脚搭铁，用钥匙打开点火开关到"ON"挡位。

❷ 按双闪灯 6 次，中控锁动作，依次按需要匹配的遥控器的任意键。

第七节　斯巴鲁车系

斯巴鲁车系防盗使用专用 4D60 芯片、4D62 芯片、斯巴鲁 G 芯片（82 芯片）。按照车型区分如下。

斯巴鲁 XV：2013 年前使用 60 芯片和 62 芯片，2013 年后使用 82 芯片。

傲虎：使用 60 芯片和 62 芯片。
力狮：2016 年前使用 60 芯片和 62 芯片，2016 年后使用 82 芯片。
森林人：使用 60 芯片和 62 芯片。
翼豹：使用 60 芯片和 62 芯片。

使用 4D60 芯片或 4D62 芯片的车型与使用 4D82 芯片的车型，其钥匙匹配方法是不一样的，使用 4D82 芯片的车型的钥匙匹配方法有些难度。首先看 4D60 芯片或 4D62 芯片的车型的钥匙匹配，钥匙增加和钥匙全丢匹配方法一样。

方法 1： 用解码设备进行芯片匹配，如道通 808、K518、朗仁 i80 等，按照设备提示匹配操作即可。

方法 2： 通过"掌中宝"，使用 JMD 专用拷贝芯片复制一个可以启动车辆的防盗芯片，这种方法是最快捷、简单的。

斯巴鲁森林人 82G 芯片钥匙和斯巴鲁 XV 82 G 芯片钥匙是通用的，原车带两把一体遥控钥匙，频率是 433MHz。钥匙增加和钥匙全丢匹配方法一样，先拆 BCM 电脑，找到八角码片，上面写的型号是 LC02，用编程器选用 24C02 读数据，数据读出以后，可以用 VVDI Ⅱ 或者 TM100 写钥匙信息。设备会提示反写数据，将新数据保存，然后通过编程器再反写回 BCM 电脑，装车恢复，新钥匙即可着车。

遥控器匹配方法如下。

❶ 拆开驾驶员左脚侧下方侧板（A 柱），接上里面两个白色的插头。
❷ 关闭所有车门，按住门上中控开关开键不放。
❸ 依次按需要匹配的遥控器任意键两次，中控锁动作，学习成功。
❹ 断开两个白色插头，然后试遥控器。

部分高配车型采用智能卡钥匙，增加钥匙用设备匹配时需要密码，拆下方向盘下的车身电脑 BCM，用编程器读取八角码片 24C01，密码位置在第 00 行的第 7、8 字节，然后转十进制就是密码。

智能卡钥匙全丢时需要拆 3 块电脑，分别是车身电脑 BCM（24C01）、防盗盒（93C46 或 93C56）、智能盒（93C86），位置都在方向盘下方，然后用编程器读出数据并进行初始化，然后装车恢复，设备匹配选"增加钥匙"，按照设备提示匹配操作。

第八节　现代、起亚车系

韩国现代和起亚车系的防盗主要分遥控防盗、芯片防盗和智能卡。
老款车型不带芯片的是遥控器防盗，只有用遥控器解锁车门，才能着车。

例如伊兰特、索拉塔、途胜等车型。遥控器需要用设备匹配，部分车型需要用专用 OBD 10 针接口（图 7-8-1），例如索拉塔、伊兰特等，遥控频率为 311MHz、315MHz 和 433MHz。

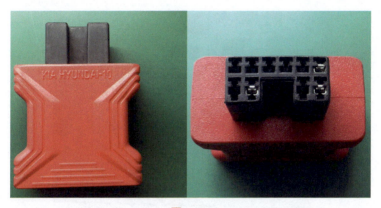

图 7-8-1

芯片防盗用的是普通 46（7936）芯片，匹配时需要密码，部分车型通过设备可以读出密码，例如悦动、瑞纳等，读不出来的可用"掌中宝"直接拷贝芯片，如果是钥匙全丢，需要用车架号查询密码，还能查出钥匙齿号。

部分 2013 年后的车型，采用专用 70 芯片，增加钥匙时可以用"掌中宝"拷贝芯片，也可以用设备匹配，但是需要防盗密码，密码通过车架号查询得出，还能查出齿形。

高配智能卡的车型，智能卡芯片分两种型号，老款的智能卡（图 7-8-2）采用 46 芯片，新款智能卡采用 47 芯片和 8A 芯片，设备匹配时需要密码。对于老款智能卡，部分车型可以用"掌中宝"解码，或者用设备 K518 读取密码。对于新款智能卡，部分车型是可以用设备读出密码的，如果读不出密码，只能通过车架号查询。

图 7-8-2

用掌中宝解码现代、起亚老款智能卡密码的步骤如下。

❶ 将原车钥匙放入线圈中,选中"识别拷贝",按"OK"键识别46芯片(图7-8-3),然后点击"OK"键解码,选择JMD芯片解码。

图 7-8-3

❷ 再放入"掌中宝"多模芯片转换成采集芯片,转换成功(图7-8-4)。

图 7-8-4

❸ 把智能卡电池取下来，把转换好的芯片放到原车智能卡中，把卡塞到卡槽里面，一键启动打开仪表，然后关闭仪表，再拿出智能卡放入"掌中宝"线圈，点击"确定"，显示采集成功（图 7-8-5）。

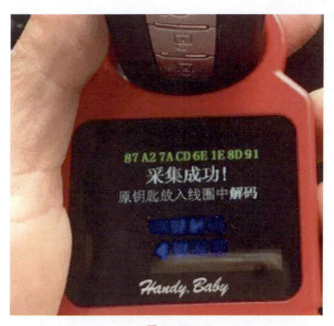

图 7-8-5

❹ 然后点击"OK"键解码，解码过程需要 40～60s，解码成功，密码就直接显示出来（图 7-8-6）。

图 7-8-6

第九节 实战案例分享

实战案例一

一辆 2013 年森林人,智能钥匙全丢,详细过程如下。

❶ 拆智能盒,用 MINI900 拷贝机配合艾迪丰田智能卡写启动,无需再上车匹配,直接启动,但必须要用艾迪智能卡。

❷ 拆智能盒、防盗盒(或方向锁)并进行初始化,然后用设备上车学习新钥匙。两种方法各有利弊,以下介绍第二种方法。

2013 年斯巴鲁森林人采用 5290 智能卡(图 7-9-1),这款车没有防盗盒,拆方向锁与智能盒并进行初始化,学习钥匙即可。

图 7-9-1

步骤如下:

第一步:方向锁初始化。

在方向盘下面找到方向锁(图 7-9-2),拆下并打开,拿出里面的电路板,找到八脚码片,型号是 93C46(图 7-9-3)。

图 7-9-2

图 7-9-3

然后焊下码片 93C46，用编程器读出数据，做以下修改（图 7-9-4）。

```
000000: FFFF FFFF FFFF FFFF FFFF FFFF FFFF FFFF
000010: FFFF FFFF 0200 0200 0200 0200 0200 FFFF
000020: 5555 FFFF FFFF FFFF FFFF FFFF FFFF FFFF
000030: FFFF FFFF FFFF FFFF FFFF FFFF FFFF FFFF
000040: FEFF FEFF FEFF FEFF FEFF 0000 FFFF FFFF
000050: FFFF FFFF D1FF D1FF D1FF D1FF D1FF 1283
000060: 1283 1283 1283 1283 9FB4 9FB4 9FB4 9FB4
000070: 9FB4 FFFF FFFF FFFF FFFF FFFF FFFF FFFF
```

红色标记部分保留
其他全改F

图 7-9-4

红色标记部分保留，其他全改 F。其中第 060 行、第 070 行的 5 个 9FB4 为同步字节，一定要保留，否则无法着车。数据修改完成后，反写回 93C46 装车即可。

第二步：智能盒初始化。

智能盒位置在 A 柱保险盒的后面（图 7-9-5），从外观上看，除了 logo（商标）以外，它和丰田智能盒几乎一样（图 7-9-6）。拆下并打开外壳，在电路板 CPU 附近找到 8 脚码片，型号为 93C86（图 7-9-7）。

图 7-9-5

图 7-9-6

吹焊下 93C86 码片，用编程器读出数据，做初始化修改，改法和丰田车一样。数据修改好后反写回 93C86 并装车。如果数据修改正确，装车后仪表可以点亮。

第三步： 用设备直接增加钥匙。

用 K518、道通 808、i80 等匹配设备，连接车辆 OBD 接口，进入斯巴鲁 XV 的智能系统，直接点击"增加钥匙"即可。匹配成功后，无需同步，直接可以启动着车，遥控智能都好用。

图 7-9-7

实战案例二 用设备朗仁 i80 匹配起亚老款 46 芯片智能卡

2012 年起亚智跑，智能卡钥匙全丢，通过资料查询该车是老款 46 芯片智能卡，老款 46 芯片智能卡可以用 VVDI 手持机生成，具体匹配步骤如下。

打开 VVDI 手持机，选择"遥控 / 智能卡生成"（图 7-9-8）。

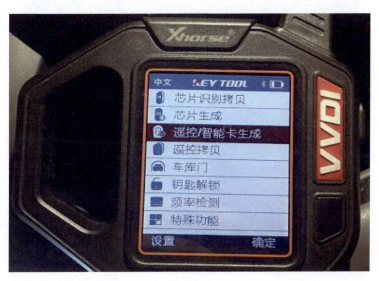

图 7-9-8

选择"智能卡"(图 7-9-9)。

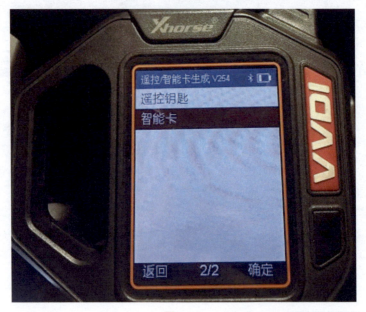

图 7-9-9

选择"起亚"(图 7-9-10)。

图 7-9-10

选择车型"智跑"（图 7-9-11）。

图 7-9-11

将 VVDI 手持机的智能卡子机放入手持机左边的天线识别感应区（图 7-9-12）。

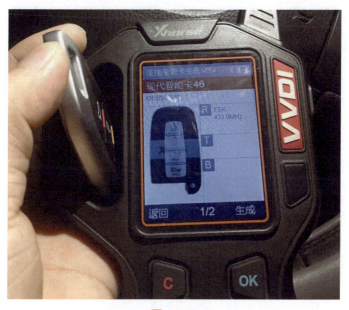

图 7-9-12

放入智能卡子机后,点击生成,设备会提示"正在写入数据"(图 7-9-13)。

图 7-9-13

数据写入成功后,设备会提示"烧写成功,已积分"(图 7-9-14),即可拿这个智能卡上车去匹配。

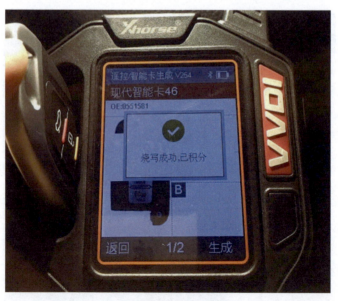

图 7-9-14

接下来将设备 i80 连接好 OBD 接口，打开设备，选"起亚"，进去以后选择"防盗/遥控匹配"（图 7-9-15）。

图 7-9-15

进去以后，选择"按类型"匹配（图 7-9-116）。

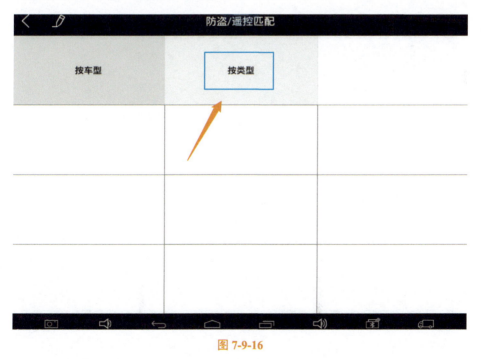

图 7-9-16

选择"智能钥匙系统"（图 7-9-17）。

图 7-9-17

选择区域"中国"（图 7-9-18）。

图 7-9-18

类型选择"有卡槽",选择类型 1 和类型 2 都可以,哪个能进去就选哪个(图 7-9-19)。

图 7-9-19

按设备提示点"确定"(图 7-9-20)。

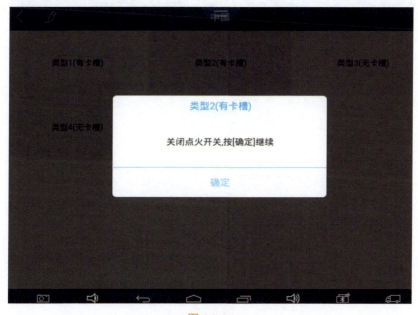

图 7-9-20

按设备提示"打开危险报警灯"（图 7-9-21）。

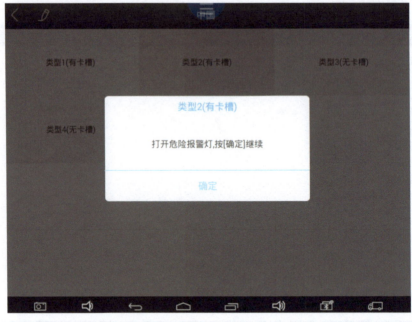

图 7-9-21

选择"智能钥匙匹配"（图 7-9-22）。

图 7-9-22

然后按照设备提示，将智能卡放入卡槽内（图7-9-23）。

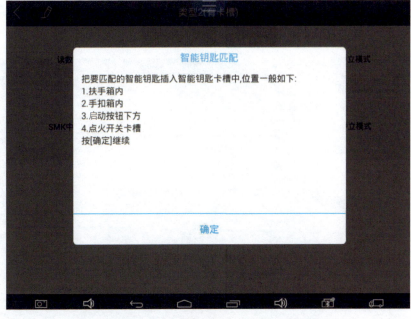

图7-9-23

该车智能卡的卡槽在扶手箱内，打开扶手箱就能看见（图7-9-24）。

图7-9-24

由于用 VVDI 手持机生成的刀锋款智能卡子机没有卡槽，所以匹配时还需要用与原车一样外观的智能卡，插进卡槽匹配。如果有些车主喜欢刀锋款外观钥匙，则可以把刀锋款子机的电路板拆出来放在原车钥匙壳里面（图 7-9-25），然后就可以插入卡槽匹配。原车的带卡槽钥匙外观如图 7-9-26 所示。

图 7-9-25

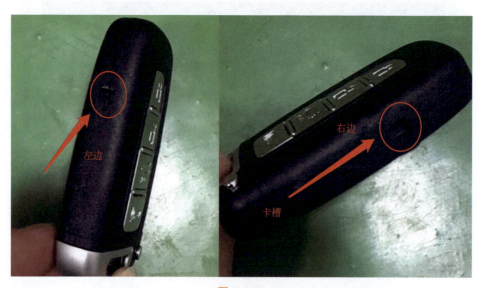

图 7-9-26

智能卡插进卡槽以后,点击"确定",然后输入防盗密码(图7-9-27)。因为这款车钥匙是全部丢失,只能用车架号通过第三方查询该车防盗密码(图7-9-28),也能查出该车的齿代码,用数控钥匙机中的代码查询功能做出机械钥匙(图7-9-29)。

图 7-9-27

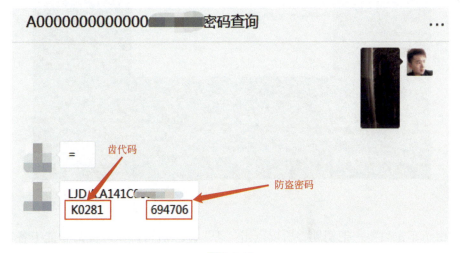

图 7-9-28

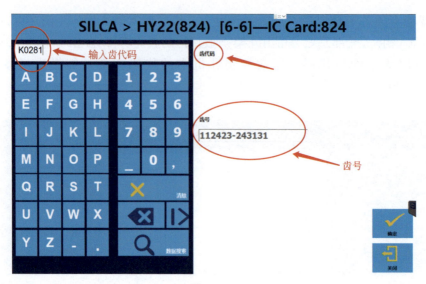

图 7-9-29

密码输入后，设备提示钥匙匹配成功（图7-9-30），如果还需要匹配第二把钥匙，则把卡槽的钥匙拔出，往外拔的时候需要把卡往里面按一下，才能拔出。

图 7-9-30

由于车主只要一把钥匙，所以点击"否"，然后再试试匹配的智能卡各项功能是否正常（图7-9-31）。

图 7-9-31

总结

整个匹配过程，只要按照设备的提示，一步一步操作即可，只是这辆车匹配时需要防盗密码。如果这辆车老款的 46 芯片智能卡是增加钥匙的话，还可以通过原车钥匙用"掌中宝"采集出密码，因为是钥匙全丢，没法用原车的钥匙采集出密码，可以尝试用设备读取密码，如果读不出来，则只能通过车架号的方式查询出密码。还有一点要记住，现代、起亚的智能卡原车只存两把钥匙，匹配的时候只能匹配两个。

实战案例三 用设备 K518 匹配起亚 8A 芯片智能卡

2013 年起亚 K3 高配车型，此款车型的智能卡是专用的（图 7-9-32），智能卡芯片型号是 8A，遥控频率是 433MHz。

图 7-9-32

具体匹配步骤如下。

首先将车辆 OBD 连接好设备 K518，找到车型，选择"起亚"，先读取授权码（图 7-9-33）。

图 7-9-33

接下来，根据设备提示一步步操作。设备显示"正在下载应用"（图 7-9-34）。

图 7-9-34

此步骤无需原车钥匙，完全点火是在 OFF 状态下，适用"全丢"情况。设备会提示"关闭点火开关，打开关闭主驾驶车门一次"（图 7-9-35）。

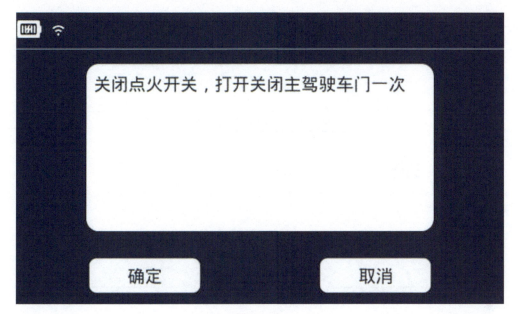

图 7-9-35

通过设备读出车辆零件号信息（图 7-9-36）。

图 7-9-36

根据设备提示，正在通信连接，等待滚动条走到 100%（图 7-9-37）。

图 7-9-37

设备已经成功读出授权码（密码）146474（图 7-9-38）。

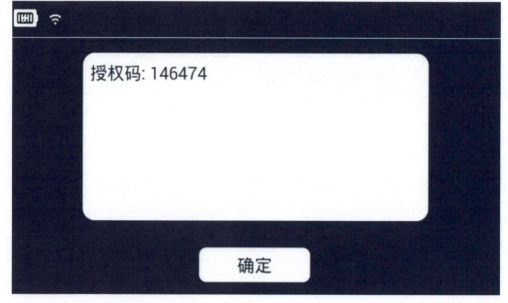

图 7-9-38

然后记下密码，选择防盗匹配，选择年款（图 7-9-39）。

图 7-9-39

选择"智能钥匙匹配"(图 7-9-40)。

图 7-9-40

进去以后选择"智能卡匹配"(图 7-9-41)。

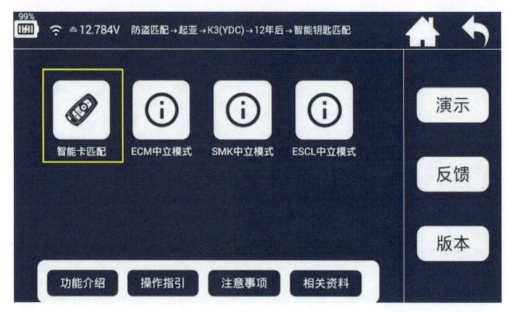

图 7-9-41

设备提示"所有的智能钥匙都需要匹配,没有匹配的智能钥匙将不能启动车辆",说明丢失的钥匙不能用了(图 7-9-42)。

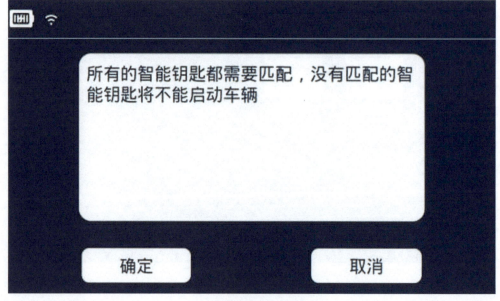

图 7-9-42

设备提示"关闭点火开关,打开关闭主驾驶车门一次",操作完后点击"确定"(图7-9-43)。

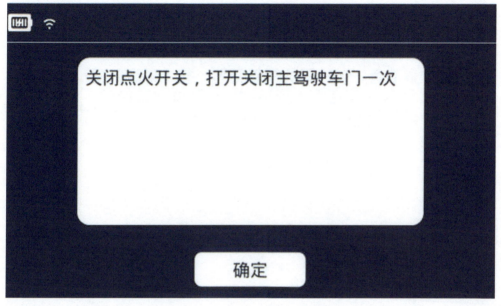

图 7-9-43

输入授权码(图7-9-44)。

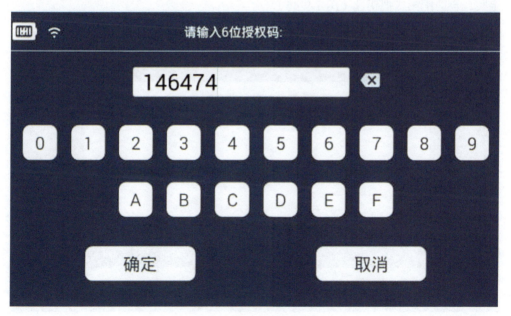

图 7-9-44

根据设备提示,点击"确定",要在 5s 内用要匹配的智能卡钥匙顶端按住启动按钮,等待,然后看仪表的防盗灯,闪烁后熄灭(图 7-9-45)。

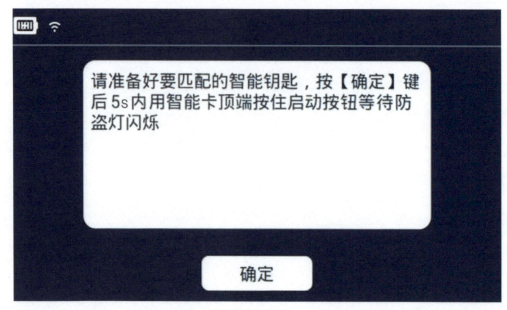

图 7-9-45

仪表防盗灯熄灭后,设备会提示匹配完成,如果需要匹配下一把钥匙,点击"确定",再匹配第二把钥匙(图 7-9-46)。

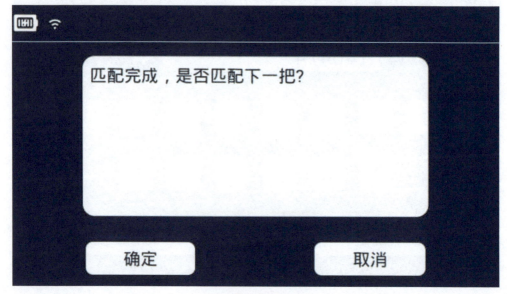

图 7-9-46

设备又提示点击"确定",要在5s内用要匹配的智能卡钥匙顶端按住启动按钮,等待(图7-9-47),然后用第二把钥匙顶端按住启动按钮,看防盗灯。

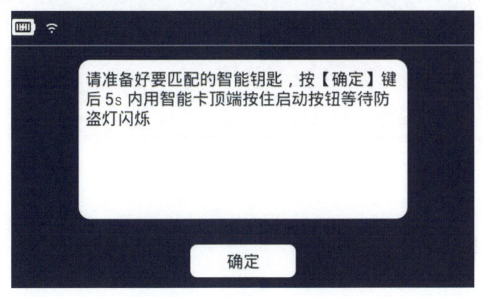

图 7-9-47

设备显示匹配完成,因为现代、起亚的车型,智能卡钥匙只有两把,所以不会提示继续匹配下一把钥匙(图7-9-48)。

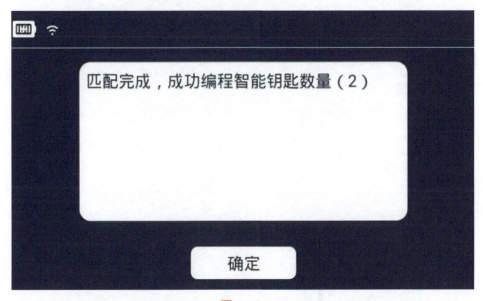

图 7-9-48

第八章
美洲车系防盗原理与编程技术

第一节　手工匹配 13 芯片

❶ 原车钥匙头有"PK3"字样（图 8-1-1），是专用 13 芯片。车型：老款君威、GL8、陆尊、老款君越。

图 8-1-1

有钥匙配钥匙：用原车钥匙带着车。

用原车钥匙打开仪表看防盗灯，防盗灯熄灭后，用新钥匙打开仪表看防盗灯，防盗灯熄灭后即可着车。

钥匙全丢：操作3个10min。

a. 用PK3芯片钥匙打开仪表，计时等10min看防盗灯，防盗灯熄灭后关闭点火开关拔出钥匙（注意：第1个10min后，需要把钥匙拔出，再打开仪表等第2个10min）。

b. 再插入钥匙打开仪表，计时等10min，防盗灯熄灭。

c. 再插入钥匙打开仪表，计时等10min，防盗灯熄灭后，再打开仪表，看防盗灯熄灭即可，如需匹配更多钥匙，紧接着打开仪表，看防盗灯熄灭即可。

注意：

操作钥匙全丢匹配3个10min的时候，必须关闭所有电器，包括车窗、车门。

❷ 原车钥匙头是"PK3+"的字样（图8-1-2），是专用48芯片，用"掌中宝"可以生成，一般用于老款的凯迪拉克车型。

有钥匙配钥匙：用原车钥匙带着车。

钥匙全丢：操作3个10min（与PK3钥匙一样）。

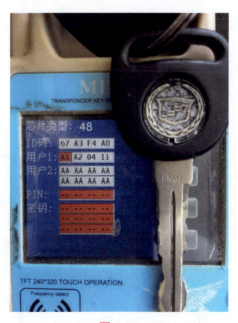

图 8-1-2

❸ 原车钥匙头是" "字样（图8-1-3），是专用46芯片，一般用于GMC房车。

有钥匙配钥匙：用原车钥匙带着车。

钥匙全丢：操作 3 个 10min（与 PK3 钥匙一样）。

图 8-1-3

第二节 手工匹配电阻钥匙

原车钥匙头带电阻的（图 8-2-1），是电阻芯片防盗钥匙，钥匙的阻值一样，即可着车。阻值型号有 15 种（1～15），其规格如表 8-2-1 所示。钥匙全丢：用任意一个挡位的电阻钥匙连续操作 3 次，每次 10min。车型：老款别克世纪、老款凯迪拉克。

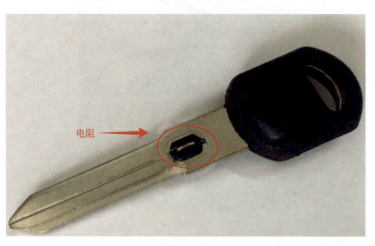

图 8-2-1

表 8-2-1

电阻挡位型号	标准 /Ω	最低 /Ω	最高 /Ω
1#	402	386	438
2#	523	502	546
3#	681	654	728
4#	887	852	942
5#	1130	1085	1195
6#	1470	1411	1549
7#	1870	1795	1965
8#	2370	2275	2485
9#	3010	2890	3150
10#	3740	3590	3910
11#	4750	4560	4960
12#	6040	5798	6302
13#	7500	7200	7820
14#	9530	9149	9931
15#	11800	11328	12292

第三节　凯越防盗芯片介绍

2006 年前车型采用普通 60 芯片，2007～2012 年车型采用普通 48 芯片，按设备提示直接匹配。

2013 年后车型采用凯越专用 70 芯片，设备匹配需要密码。密码可以通过这种方法获取：拆开左前挡泥板，在防撞梁上有一个条形码，如图 8-3-1 所示，条形码上面四位数的后两位加上车架号的后两位就是密码。匹配遥控器也需要这个密码。

图 8-3-1

第四节　雪佛兰景程防盗介绍

　　2012 年前车型采用专用 60 芯片，2012 年车型无芯片，2013 年后车型采用专用 70 芯片，常见的匹配仪都可以匹配该车防盗芯片，只是匹配的时候需要防盗密码。获取密码的途径主要有三种：车架号查询；拆读 BCM 电脑；2012 年前的车型，在有主钥匙的情况下，可以用"掌中宝"2 代读取密码（图 8-4-1）。

图 8-4-1

在配钥匙的时候，雪佛兰景程原车原装或配套的钥匙遥控器是不需要单独匹配的，配好芯片能着车以后，遥控器就可以使用了。

2012年前景程采用普通60芯片，芯片匹配好后遥控器自动生成。增加钥匙时，在没有原厂遥控钥匙坯子的情况下，可以借助"掌中宝"和VVDI手持机生成一把遥控芯片钥匙。详细步骤如下。

❶ 用"掌中宝"测出原车主钥匙芯片，主钥匙可以显示密码（图8-4-2），然后点击右键，选择编辑功能，记录下原车钥匙的ID（图8-4-3）。

图8-4-2

图8-4-3

❷ 用"掌中宝"生成一个空白60芯片（图8-4-4），然后打开VVDI手持机，点击自动识别，把生成好的普通60芯片放入手持机线圈中进行识别，然后点击右键编辑（图8-4-5）。

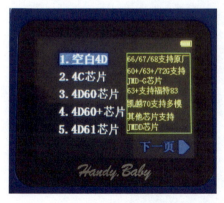

图8-4-4

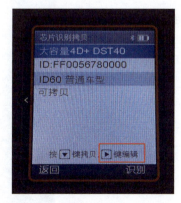

图8-4-5

❸ 把密码项00改成BF，用户项00改成40，然后再把之前测出来的ID填到里面，只需要填写前6位数，最后两位以12结尾，每项改好都需要加锁（图8-4-6）。

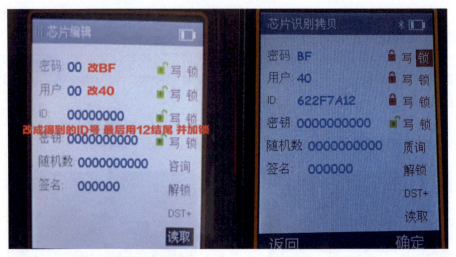

图 8-4-6

❹ 然后用手持机选生成遥控器,选车型 2012 年前景程,设备会提示放入 4D60 芯片,按 OK 绑定,这时把改好的芯片放入手持机线圈中,连接好 VVDI 子机,点击绑定生成（图 8-4-7）。

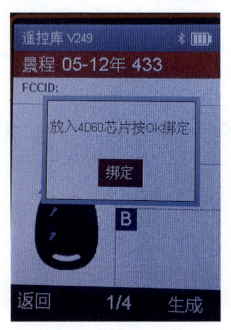

图 8-4-7

❺ 生成成功以后,用设备匹配芯片,按照设备的提示,输入之前用"掌中宝"读出来的密码,配好芯片以后,遥控器即可以使用。

第五节　新款别克/雪佛兰防盗介绍

2008年后新款车型，例如新君威、新君越、新GL8、英朗、科鲁兹、迈锐宝等，使用电子46芯片钥匙；2015年后部分新款车型使用专用70芯片钥匙（例如英朗）。钥匙分高配和低配（低配：旋转车。高配：一键启动。高配钥匙匹配时，需要把钥匙放入智能卡槽中，卡槽在扶手箱里面或水杯架附近）。

匹配钥匙时，按照设备的提示步骤操作，还需要密码。密码获取的途径主要有以下几种。

❶ 设备读取。
❷ 看标签条形码。
❸ 拆读BCM电脑数据。
❹ 车架号查询。

由于匹配仪器在不断更新升级，现在很多车型都可以用设备直接通过OBD读出密码。但是有些车型还暂时读不出密码，那么可以采用看标签条形码的方式，该条形码一般都贴在原车防撞梁上面，拆开左前挡泥板，就能看见该条形码（图8-5-1）。

图 8-5-1

如果有的车主出过交通事故，更换过新的防撞梁，新的防撞梁肯定不会有原厂的条形码，那么可以采用拆读BCM电脑数据的方法获取密码。当然也会遇到一些车主舍不自己的爱车被别人拆装的情况，那么只能采用车架号查询的方式，把车架号发送给第三方或 4S 店查询该车密码，既省事又省力。但是需要付给相应的费用，一般为 40～200 元，有时根据行情上下调动。接下来介绍拆电脑是怎么获取密码的。

首先，在车上找到 BCM 电脑，大多数都在方向盘下方，如图 8-5-2 所示。

图 8-5-2

其上有几个插头，拔下来，插头都是根据颜色区分的。颜色不一，接口也插不进去。拆下后的 BCM 电脑如图 8-5-3 所示。

图 8-5-3

然后打开外壳，找到里面的一个八角码片，型号是 24C32，在电脑板背面，如图 8-5-4 所示。

然后焊下八角码片，用读数据的编程器将八角码片里面的数据读出来，读出后务必要保存。接下来找到数据的明文区，密码就在明文区域内，连着的 4 位数字，显示的就是密码，如图 8-5-5 所示。

图 8-5-4

图 8-5-5

第六节 实战案例分享

实战案例一 使用设备朗仁 i80 匹配 2012 年前凯越遥控器

第一步： 连接好设备以后，进入通用系列，选择模式"遥控匹配"（图 8-6-1）。

图 8-6-1

第二步： 选择区域，然后选择车型（图 8-6-2～图 8-6-4）。

图 8-6-2

图 8-6-3

图 8-6-4

第三步： 选择"年款"和"类型"（图 8-6-5、图 8-6-6）。

图 8-6-5

图 8-6-6

第四步：点击"遥控匹配",然后按照设备的提示操作遥控(图 8-6-7、图 8-6-8)。

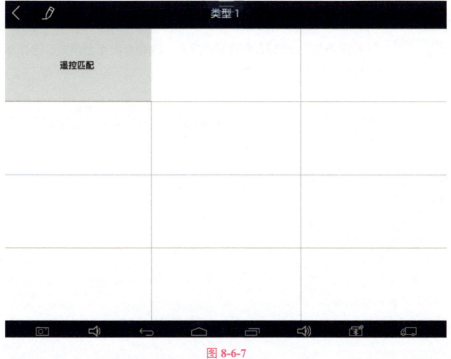

图 8-6-7

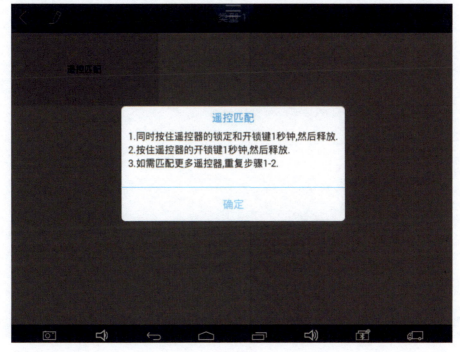

图 8-6-8

实战案例二 用设备道通 808 匹配 2012 年前凯越芯片钥匙

步骤一： 连接好设备以后，选择通用车系进入，然后点击车型模式，选择品牌、凯越（图 8-6-9 ～图 8-6-11）。

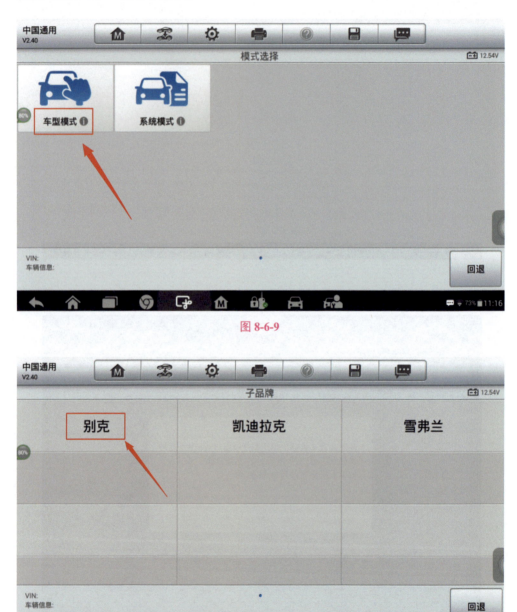

图 8-6-9

图 8-6-10

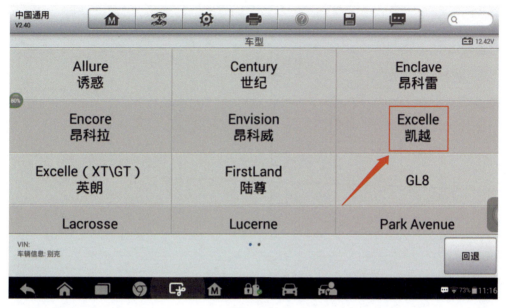

图 8-6-11

步骤二： 选择年款，2012年以前（图8-6-12）。

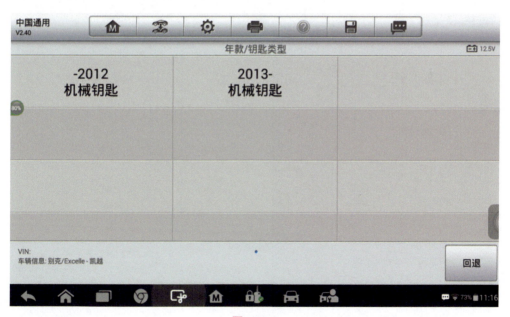

图 8-6-12

步骤三： 选择"防盗系统"和"钥匙匹配"（图8-6-13、图8-6-14）。

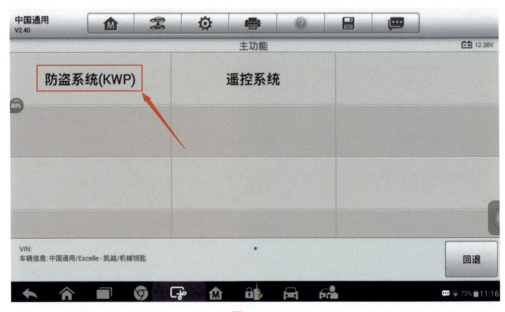

图 8-6-13

图 8-6-14

步骤四：根据设备提示，至少需要两把钥匙才能完成匹配（图 8-6-15）。

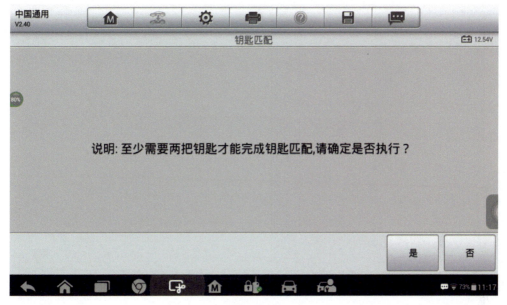

图 8-6-15

> **步骤五：** 按设备提示，插入第一把钥匙并打开点火开关，任意一把都可以（图 8-6-16、图 8-6-17）。

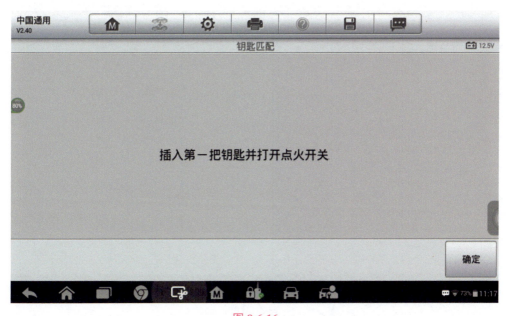

图 8-6-16

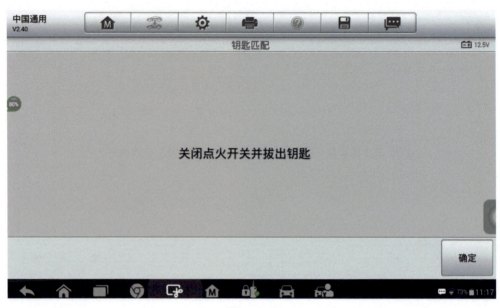

图 8-6-17

步骤六： 按设备提示，插入下一把钥匙并打开点火开关（图 8-6-18、图 8-6-19）。

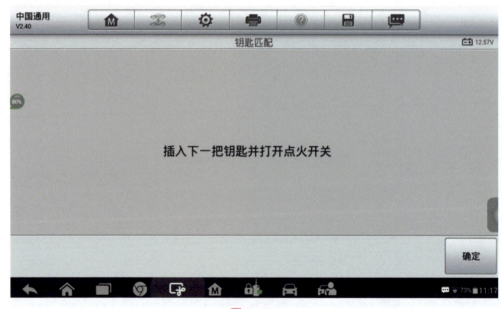

图 8-6-18

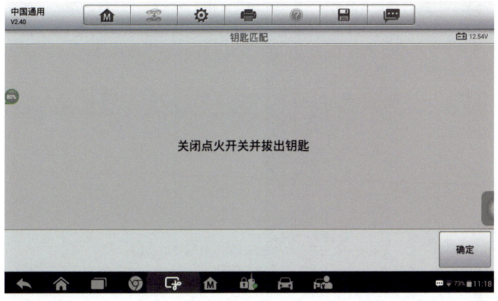

图 8-6-19

步骤七： 如果还需要匹配第三把钥匙或更多钥匙，点击"是"，按以上步骤设备提示操作，这里只匹配两把钥匙，点击"否"（图 8-6-20）。

图 8-6-20

🎵 **步骤八：** 按照设备的提示，需要用钥匙打开点火开关，即"ON"挡位，等待3s，然后关闭钥匙到"OFF"挡位等待2s。打开和关闭钥匙的过程需要3次。最后一次需要拔出钥匙，等待10s以上，匹配完成（图8-6-21～图8-6-23）。

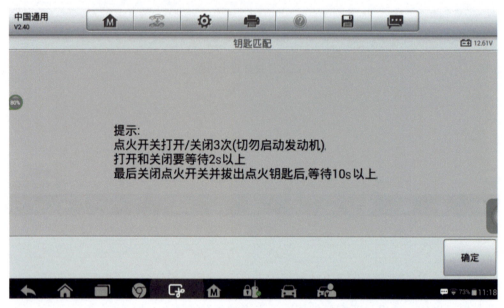

图 8-6-21

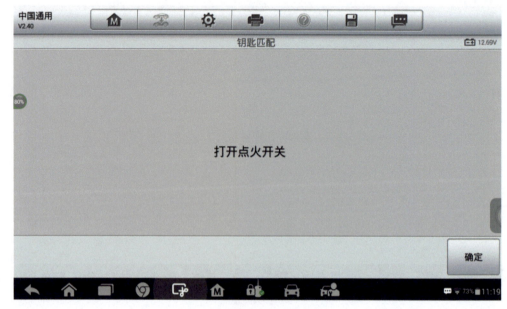

图 8-6-22

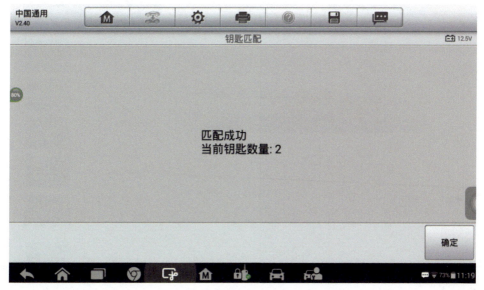

图 8-6-23

实战案例三 2015 年雪佛兰创酷钥匙全丢

第一步： 先找到专用开锁工具二合一，型号是 HU100。此外还需要带上气囊铁丝，万一门锁坏了或者被撬了，就能派上用场了。开锁工具都收拾好后，开始准备钥匙，用 VVDI 手持机生成该车的遥控器，芯片同时也写进 VVDI 的子机里面，子机用的是 DS 款的无线子机。因为这个车是电子 46 芯片的，芯片匹配好能着车后，遥控器就可以直接使用了。遥控器生成好后，把 71 号钥匙头装进子机上面。

第二步： 拿上匹配设备 i80 和做钥匙的数控钥匙机 E9Z，还有拆装的组合工具（提示：出门做全丢，能派上用场的工具尽量都带着，以免跑冤枉路；有条件的，最好在自己的工作车上安装一个好一点的 12V 转 220V 的逆变器，省得在外面找人借电，抱着数控钥匙机跑来跑去，既不方便，并且有时候还借不上电）。

第三步： 所有的工具设备准备好以后，前往目的地。到了现场，第一件事就是要检查车主的证件（车主身份证、行驶证等有效证件），证件核实无误后，开始开锁。往车头的方向是开，不到 3s 的时间就打开了门锁，紧接着又把齿号读了出来。齿号连续比对了几遍，没问题了，记录下来。接下来打开数控钥匙机，开始做机械钥匙。将读出的齿号直接输入数控钥匙机，如图 8-6-24 所示。

数控钥匙机做出齿后一次性成功，接下来，用钥匙打开仪表，用设备 i80 读取密码项，但密码没有读出来。然后拆开左前挡泥板，查看里面的条形码，意外的是没有条形码。问了下车主，说去年发生过交通事故，换过保险杠。只能拆 BCM 电脑。

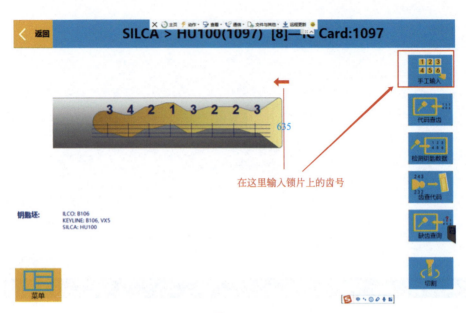

图 8-6-24

找到 BCM 电脑，位置在方向盘下方，如图 8-6-25 所示。

图 8-6-25

拆下来后用编程器读取里面的八角码片数据，码片型号是 24C32，数据读出后立刻保存。接着找数据中的密码，显示在明文区，密码是 0386，如图 8-6-26 所示。

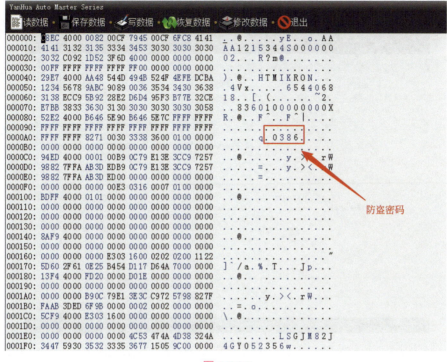

图 8-6-26

密码记录以后，焊回码片 24C32，装好电脑外壳，然后回到车前，装好 BCM 电脑。

下面开始匹配，第一步将设备 i80 连于 OBD 接口，选择车系"通用"，进去以后，选择"防盗匹配"，如图 8-6-27 所示。

图 8-6-27

进去后选择车型"雪佛兰",如图 8-6-28 所示。

图 8-6-28

进去后,选择车型区域,只要是在中国,都选择"雪佛兰中国",如图 8-6-29 所示。

图 8-6-29

进去后，选择车型"创酷"，如图 8-6-30 所示。

图 8-6-30

然后选择"机械钥匙匹配"和"钥匙全丢"，如图 8-6-31 所示。

图 8-6-31

"钥匙全丢"进去后,接下来只需按照设备的提示操作输入密码,如图 8-6-32 和图 8-6-33 所示。

图 8-6-32

图 8-6-33

密码输入后，设备会提示等待 10min 配置系统，如图 8-6-34 所示。

图 8-6-34

10min 过后，按照设备的提示，操作下一步图 8-6-35、图 8-6-36。

图 8-6-35

图 8-6-36

设备会提示匹配成功,点火开关的钥匙已经匹配上,如果需要匹配第二把钥匙,点击"确定",然后按照设备的提示插入第二把钥匙,打开点火开关(图 8-6-37、图 8-6-38)。

图 8-6-37

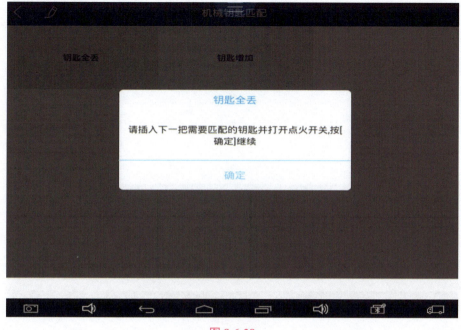

图 8-6-38

第二把钥匙插入点火开关以后,点击"确定",继续按照设备提示操作下一步(图 8-6-39～图 8-6-41)。

图 8-6-39

图 8-6-40

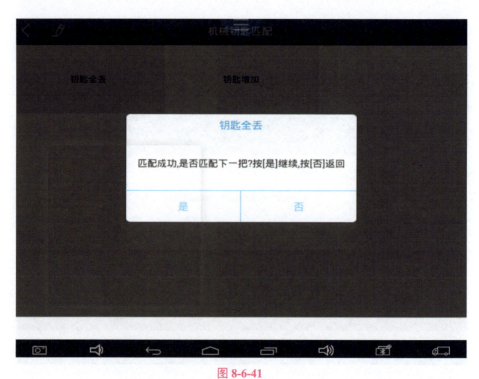

图 8-6-41

如果一共只需匹配两把钥匙,点击"否";如果还需要匹配第三把钥匙,点击是,然后按照设备的提示,和以上步骤一样。在这里只需匹配两把钥匙,所以点击否,然后按照设备的提示,继续操作下一步骤,匹配完成(图8-6-42～图8-6-44)。

图 8-6-42

图 8-6-43

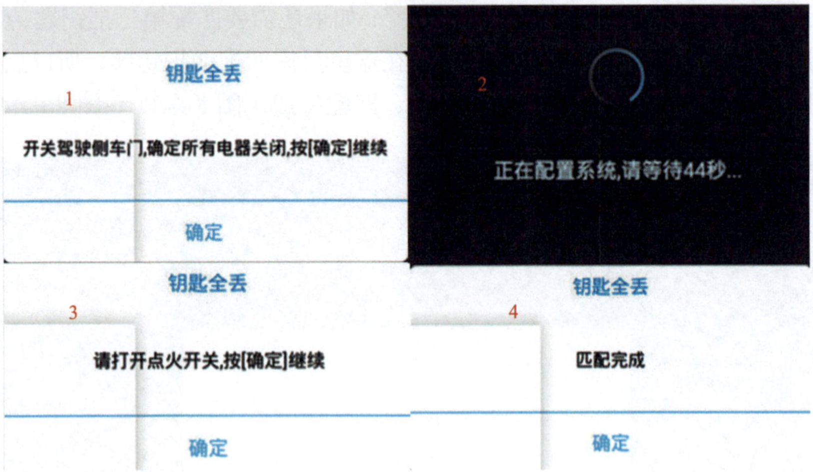

钥匙全丢	
1	2
开关驾驶侧车门,确定所有电器关闭,按[确定]继续	正在配置系统,请等待44秒...
确定	

钥匙全丢	钥匙全丢
3	4
请打开点火开关,按[确定]继续	匹配完成
确定	确定

图 8-6-44

第九章
奔驰／宝马车系防盗原理与编程技术

第一节　宝马车系防盗分类

在配宝马车系钥匙的时候，要按照系统的分类来选择不同的匹配方式，所以要先对宝马车系的防盗系统有初步的认识。表 9-1-1 详细列出了宝马车系的防盗分类。

表 9-1-1

车型	年份	芯片类型	系统类型	遥控类型
宝马 1 系	2012 年前	电子 46	CAS3/3+	315/868
宝马 2 系	2012 年前	电子 46	CAS3/3+	315/868
宝马 3 系	2005 年前	73/44	EWS3	315/433
	2005～2007 年	电子 46	CAS2	315
	2007～2012 年	电子 46	CAS3/3+	315
	2013 年后	专用智能	FEM/BDC	315/433
宝马 5 系	2004 年前	73/44	EWS3	315/433
	2004～2007 年	电子 46	CAS2	315
	2008～2010 年	电子 46	CAS3/3+	315
	2010～2016 年	专用智能	CAS4	315
	2016 年后	专用智能	FEM/BDC	315/433

续表

车型	年份	芯片类型	系统类型	遥控类型
宝马6系	2003～2008年	电子46	CAS2	315
	2008～2010年	电子46	CAS3/3+	315
	2010～2012年	专用智能	CAS4	315
	2012年后	专用智能	FEM/BDC	315/433
宝马7系	2001～2005年	电子46	CAS1	315/868
	2005～2009年	电子46	CAS2	315
	2010～2016年	专用智能	CAS4	315/868
	2016年后	专用智能	FEM/BDC	315/433
宝马X1	2014年前	电子46	CAS3+	315
	2014年后	专用智能	FEM/BDC	315/433
宝马X3	2011年前	73/44	EWS4	315
	2012年后	专用智能	CAS4	315
	2016年后	专用智能	FEM/BDC	315/433
宝马X4	2013年后	专用智能	CAS4	315
	2016年后	专用智能	FEM/BDC	315/433
宝马X5	2007年前	73/44	EWS3/4	315/433
	2008～2013年	电子46	CAS3/3+	315
	2016年后	专用智能	FEM/BDC	315/433
宝马X6	2008～2014年	电子46	CAS3/3+	315
	2015年后	专用智能	FEM/BDC	315/433
宝马Z4	2008年前	73/44	EWS3/4	315/433
	2008年后	电子46	CAS3/3+	315
宝马MINI	2008年前	73/44	EWS3/4	315/433
	2008～2014年	电子46	CAS3+	315
	2014年后	专用智能	FEM/BDC	315/433
宝马4系	2016年后	专用智能	FEM/BDC	315/433

宝马车系分为 EWS、CAS、FEM/BDC 三个系统。

1.EWS 系统

常见的 EWS 系统分为 EWS3 和 EWS4，是 73 芯片或 44 芯片，一体直柄的遥控钥匙，钥匙频率为 315MHz、433MHz（图 9-1-1）。匹配时，需要拆下 EWS 防盗盒（图 9-1-2），用 VVDI 超级编程器读出数据并加载到 VVDI Ⅱ 或 TM100，用 7935 芯片生成经销商钥匙，即可着车。

图 9-1-1

图 9-1-2

遥控器手工匹配方法如下。

❶ 关闭所有车门，钥匙开关点火一次，拔出，中控锁动作。

❷ 依次按遥控器，按住遥控器开键，连续按三次锁键，中控锁动作，学习完成。

2.CAS 系统

CAS 系统分为 CAS1、CAS2、CAS3、CAS3+、CAS4、CAS4+。CAS1、AS2 系统用于老款宝马 7 系，电子 46 芯片智能卡类型钥匙（图 9-1-3）。插卡形式，一键启动着车（图 9-1-4）。

图 9-1-3

图 9-1-4

老款宝马 5 系防盗也是 CAS2 的系统，直柄的电子 46 芯片钥匙（图 9-1-5）。钥匙频率为 315MHz、433MHz。

CAS3 和 CAS3+ 系统的钥匙为半智能卡（图 9-1-6），钥匙分为带智能和不带智能类型，频率为 315MHz、433MHz 和 868MHz（高配车型是带智能型，钥匙不用插卡着车，直接一键启动，有无钥匙进入功能；低配车型为不带智能型，钥匙需要插入卡槽着车），一般用于 E 底盘车型，例如 1 系、2 系、3 系、5 系、6 系、X1、X5、X6 等。

图 9-1-5

图 9-1-6

注释：

匹配的时候，CAS3+ 的系统需要原车钥匙，需要用设备读取原车钥匙中的信息，才能生成经销商钥匙。生成经销商钥匙的时候，设备会有提示，将新钥匙放入设备编程器线圈处，系统会读取原车钥匙中的信息。读取成功以后，设备会提示放入新钥匙，选择空白钥匙位生成经销商钥匙。如果钥匙全丢读不出数据，需要拆CAS 电脑（图 9-1-7）和发动机电脑（图 9-1-8），钥匙全丢时需要在发动机电脑里面找 ISN 码，才能生经销商钥匙。

图 9-1-7

图 9-1-8

CAS4 和 CAS4+ 系统是专用的智能钥匙（图 9-1-9），用于宝马 F 底盘车型。钥匙频率为 315MHz、433MHz 和 868Hz。

增加钥匙时，需要拆下 CAS 盒，用编程器读出 EEPROM 数据，写经销商钥匙。防盗盒 CPU 有三种型号，分别为 1L15Y、5M48H 和 1N35H，读 EEPROM 数据时要严格按照编程器中的接线图，接线读取操作。生成经销商钥匙的时候，设备会有提示，将新钥匙放入设备编程器线圈处，系统会读取原车钥匙中的信息。读取成功以后，设备会提示放入新钥匙生成经销商钥匙。

图 9-1-9

钥匙全丢时需要在发动机电脑里面找 ISN 码，才能生经销商钥匙。拆下发动机电脑，读取里面的数据，然后按照设备提示加载 CAS 数据和发动机电脑数据，选择空白钥匙位生成经销商钥匙。

3.FEM/BDC 系统

FEM/BDC 系统是宝马车系最新款集成防盗系统，用于 2013 年后的 1 系、3 系车型，2014 年后宝马 MINI 车型，以及 2016 年后的宝马 X5 车型等，采用专用的智能卡钥匙（图 9-1-10），钥匙频率为 315MHz、433MHz。

图 9-1-10

增加钥匙时需要拆下 FEM/BDC 电脑执行预处理,使其具备钥匙学习的功能。可以使用 VVDI2 或道通 808 等设备。钥匙全丢时需要拆发动机电脑和 FEM/BDC 电脑,读取发动机电脑数据获取 ISN 码。

配宝马 FEM/BDC 钥匙,相比 CAS 钥匙,多了几个步骤,并不难。为了方便迅速理解,整个匹配过程划分为 5 大步骤点。

❶ 备份 Coding(备份车辆编码数据)。
❷ 编程 FEM/BDC 电脑,生成初始化 FEM/BDC 数据。
❸ 编程 FEM/BDC 电脑,恢复原始数据。
❹ 恢复 Coding(恢复车辆编码数据)。
❺ 学习钥匙。

宝马 FEM 和 BDC 集成模块电脑区分如下。

拆下集成模块电脑(图 9-1-11),位置在副驾驶 A 柱下脚部侧饰板。打开外壳,模块电脑中有一个八角码片,码片型号是 95128 的,为 FEM 集成模块电脑(图 9-1-12);码片型号是 95256 的,为 BDC 集成模块电脑(图 9-1-13)。

图 9-1-11

图 9-1-12

图 9-1-13

操作步骤：读钥匙信息→预处理 FEM/BDC 系统→生成经销商钥匙。

1. 读钥匙信息

设备连接车辆 OBD，使用其他功能前，必须先执行"读钥匙信息"。

2. 预处理 FEM/BDC 系统

▷ 第1步：备份编码。

在车上或测试平台上连接 FEM/BDC 系统后，通过 OBD 备份原始编码文件。创建一个文件夹，保存到里面，取好文件名。

▷ 第2步：读取 EEPROM 备份、生成服务模式 EEPROM。

❶ 拆开 FEM/BDC 模块外壳，找到 95128 芯片或者 95256 芯片（图 9-1-14），用编程器读取 EEPROM 数据。

图 9-1-14

❷ 将读出来的 EEPROM 数据保存到文件夹中，取好文件名。

❸ 连接 FEM/BDC 模块，进入该系统读取原始 EEPROM 并生成服务模式 EEPROM，将服务器模式 EEPROM 数据用编程器写回码片 95128/95256。

❹ 恢复 FEM/BDC 系统，供电并连接好 OBD。

第 3 步： 编程。

❶ 此过程需要在测试平台上操作，并且确保第 1 步和第 2 步已完成。

❷ 给 FEM/BDC 系统供电并连接好 OBD。

第 4 步： 还原 EEPROM 数据。

❶ 拆开 FEM/BDC 模块外壳，将第 2 步读取的原始 EEPROM 数据写入 95128/95256 芯片。

❷ 恢复 FEM/BDC 系统，供电并连接好 OBD。

第 5 步： 恢复编码。

加载第 1 步备份的编码文件，通过 OBD Ⅱ 恢复原始编码信息，预处理完成。

3. 生成经销商钥匙

❶ 系统读取数据，请选择要生成的钥匙位置。

❷ 选择用一把可着车的钥匙协助生成经销商钥匙（钥匙全丢可选择输入 32 位 ISN 码来生成经销商钥匙）。

❸ 请将着车钥匙放到汽车感应圈处。

❹ 检测原车钥匙，读取防盗数据。

❺ 更换新的钥匙放到汽车感应圈处。

❻ 检查新钥匙，并学习钥匙，保持钥匙位置稳定。

❼ 钥匙学习完成。

注意事项如下。

❶ 所有操作前必须先读钥匙信息。

❷ 操作预处理 FEM/BDC 系统（测试平台操作）时，注意以下几点。

a. 备份编码，必须完成备份才能进行下一步。

b. 断电，将蓄电池负极断开。用编程器拆读码片 EEPROM 数据，保存到文件夹。加载保存的 EEPROM 数据、生成服务模式 EEPROM 数据，提取服务模式 EEPROM 数据并用编程器写入码片，电脑盒安装归位。

c. 编程时请注意：大约需要等待 6min，过程中不可断电。

d. 断电，拆下电脑，把原始 EEPROM 回写入码片，电脑安装归位，通电，确保通信成功。

e. 加载备份的编码文件，恢复原始编码信息，完成预处理，预处理完成后才能生成经销商钥匙。

❸ 钥匙全丢需要 32 位 ISN 编码。ISN 编码在发动机电脑数据里。拆下发动机

电脑，用编程器读取数据。

❹ 支持 FEM/BDC 系统匹配的设备。

VVDI Ⅱ、道通 808、K518、研华 BMW-FEM、AP-pro、CGDI、X300PADA 等。

第二节　实战案例分享

实战案例一 2010 年宝马 520 钥匙全丢 /CAS3 防盗系统

步骤一： 用宝马专用二合一工具 HU92 打开车门大；
将设备 VVDI2 连接好 OBD 使其通信。

步骤二： 打开 VVDI 2 软件，选择宝马图标；
进去以后选择钥匙学习中的"CAS 钥匙学习"（图 9-2-1）。

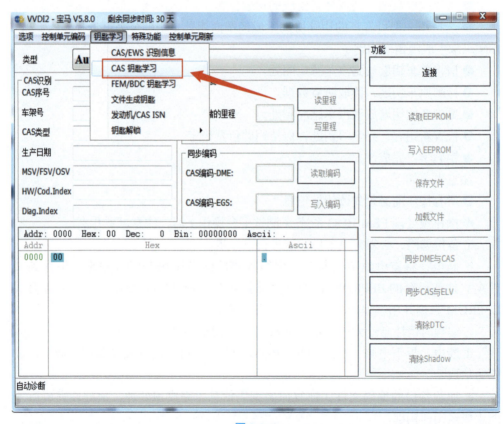

图 9-2-1

⚑**步骤三:** 点击连接,设备会自动诊断出类型,然后点击"读取钥匙信息",根据设备提示操作(图 9-2-2)。

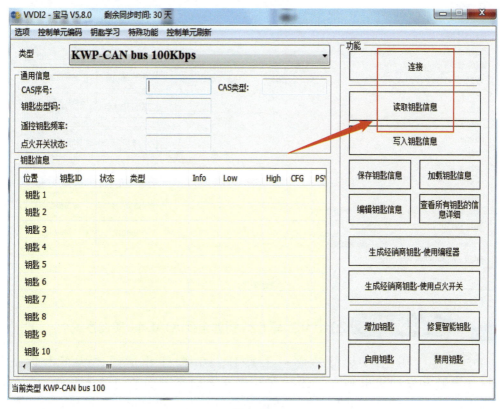

图 9-2-2

⚑**步骤四:** 钥匙信息读取出来以后,选择"生成经销商钥匙 - 使用编程器"(图 9-2-3)。根据设备的提示,选择一个空白的钥匙位置(空白钥匙的 ID 全是FFFF),把新钥匙放入 VVDI 编程器感应线圈处。

⚑**步骤五:** 经销商钥匙生成成功,然后把钥匙插入卡槽,即可打开仪表着车,完成匹配。

补充:如果钥匙插入卡槽的过程中,钥匙没有自动吸入的感觉,则把钥匙多次推入卡槽尝试。如果依旧不行,请尝试换把钥匙重新生成经销商钥匙。钥匙能着车后,如果仪表显示方向盘的故障灯,同步一下 CAS 与 ELV 即可,在图 9-2-1 中的界面同步。

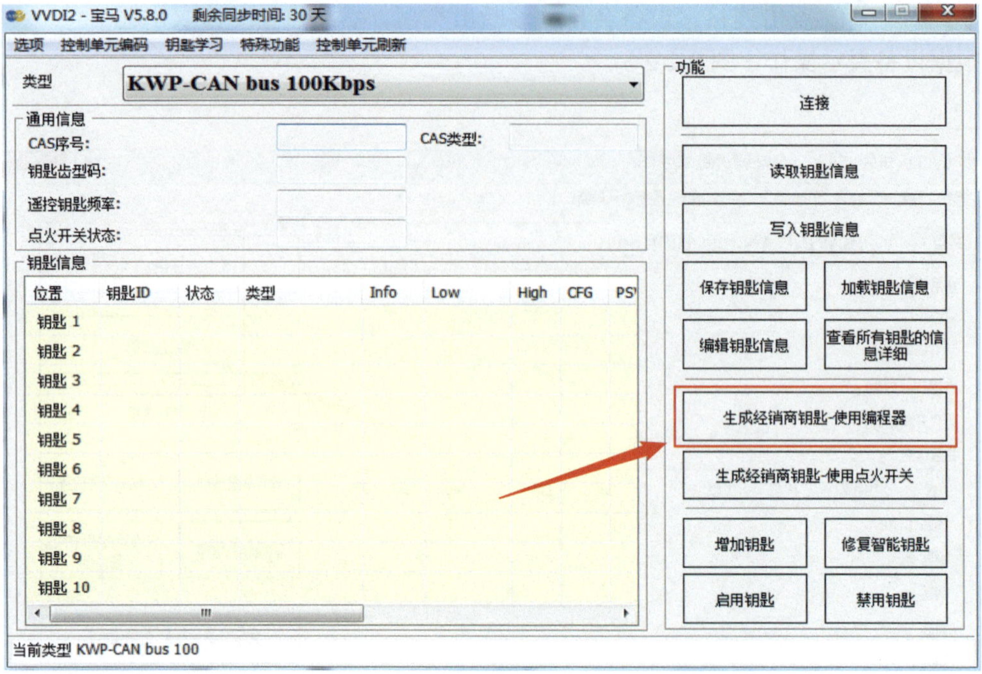

图 9-2-3

实战案例二 2013年宝马525钥匙全丢/CAS4+防盗系统

步骤一：用宝马专用二合一工具HU100R打开车门，从车上拆下CAS电脑和发动机电脑。CAS电脑位置在方向盘下面油门踏板上方，白色外观的盒子（图9-2-4）。发动机电脑位置在发动机舱里的发动机护盖里面（图9-2-5）。

图 9-2-4

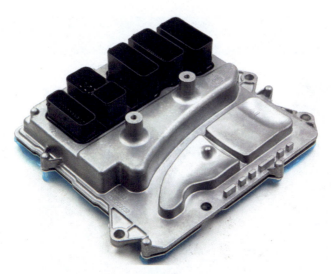

图 9-2-5

步骤二： 打开 CAS 电脑外壳，CPU 型号是 5M48H（图 9-2-6）。然后用 VVDI 超级编程器读取 D-FLASH 数据并保存，要严格按照设备中提供的接线图接线，进行读取操作（图 9-2-7）。

图 9-2-6

步骤三： 数据读出来以后，读取发动机电脑数据并保存。要严格按照设备中提供的接线图接线，进行读取操作（图 9-2-8）。

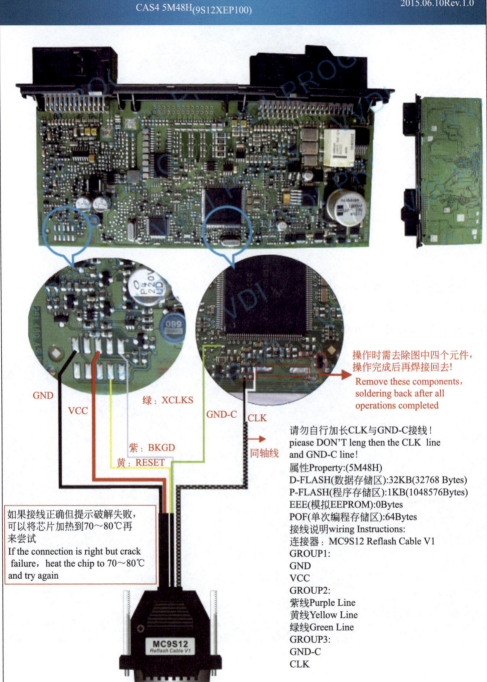

图 9-2-7

适用于下列发动机型号
Applies to the following engine models
MEVD172(N55), MEVD1726(N55), MEVD172G(N55),
MEVD1725(N55), MEVD172Y(N55)

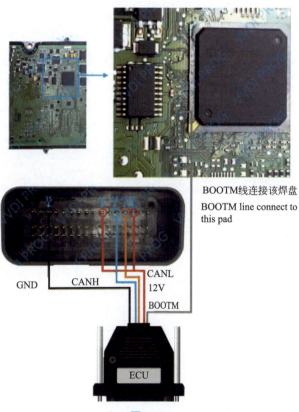

图 9-2-8

步骤四：打开 VVDI Ⅱ软件，点击宝马图标，进去后选择钥匙学习里面的"文件生成钥匙"（图 9-2-9）。

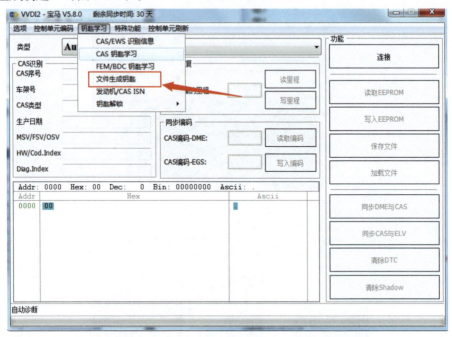

图 9-2-9

步骤五：选择类型"CAS4+（5M48H）"，点击加载 EEPROM 文件，即 CAS 电脑的 D-FLASH 数据（图 9-2-10）。

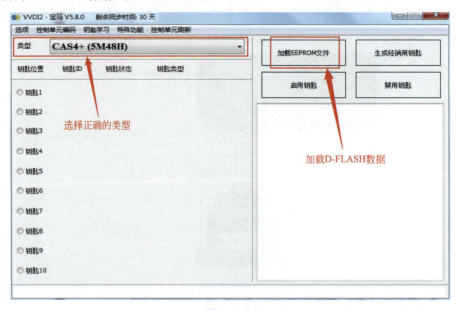

图 9-2-10

步骤六： 选择空白的钥匙位生成经销商钥匙，即钥匙的 ID 为 FFFFFFFF（图 9-2-11），并且钥匙为启用状态，点击生成经销商钥匙。

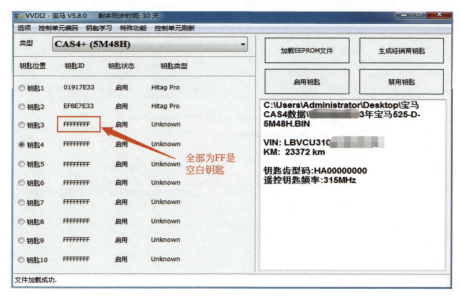

图 9-2-11

步骤七： 选择"有发动机数据，下一步加载发动机数据"（图 9-2-12）。

图 9-2-12

步骤八： 文件加载成功后，设备出现一个提示（图 9-2-13）。

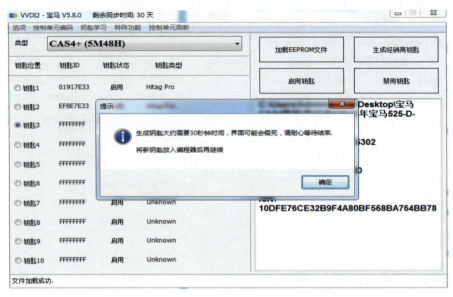

图 9-2-13

步骤九： 将钥匙放入 VVDI Ⅱ 感应线圈处，然后点击"确定"，左下角显示经销商钥匙生成成功，钥匙完成匹配（图 9-2-14）。

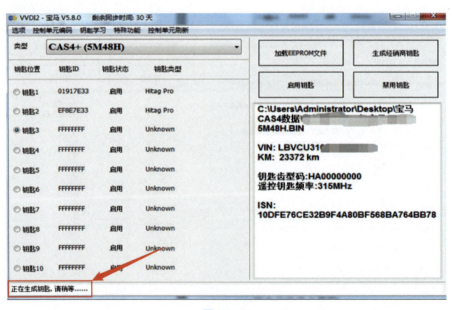

图 9-2-14

步骤十： 经销商钥匙生成成功以后，可以在 CAS4 测试平台测试是否能着车。将钥匙放入测试平台，显示识别到匹配钥匙，说明钥匙已经匹配成功（图 9-2-15）。然后电脑全部装车恢复，即可。

图 9-2-15

实战案例三 2015 年宝马 320 钥匙增加 /BDC 系统，用 X300 PADA 匹配流程

匹配钥匙之前，先读取当前车辆的钥匙信息，根据信息删除已丢失的钥匙和增加新钥匙。

首次使用此类设备匹配钥匙的车辆，需要先执行钥匙匹配预处理，才可以执行钥匙的增加和删除。执行钥匙预处理可以在车上操作，也可以在工作台上操作，但强烈建议使用专用的测试线束在工作台上操作。FEM/BDC 的测试线束如图 9-2-16 所示。

图 9-2-16

因为还要对 FEM 或 BDC 模块的八脚芯片进行读写操作，所以需要准备好电烙铁、焊台和芯片读写的编程器。如图 9-2-17 所示为 X300 PAD2 配套的 EEPROM/PIC 适配器。

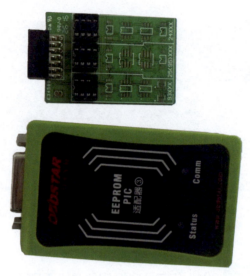

图 9-2-17

操作步骤如下。

1. 钥匙信息读取

将设备连于车辆，进入宝马防盗菜单，读取当前钥匙信息（图 9-2-18 ～图 9-2-20）。

图 9-2-18

图 9-2-19

图 9-2-20

此处设备都会提示先执行预处理，如图 9-2-21 所示，即上面说的首次使用此类设备匹配钥匙的宝马车型需要先执行预处理，如果之前就使用此类型的设备匹配过宝马车型，可以直接执行钥匙增加和删除。

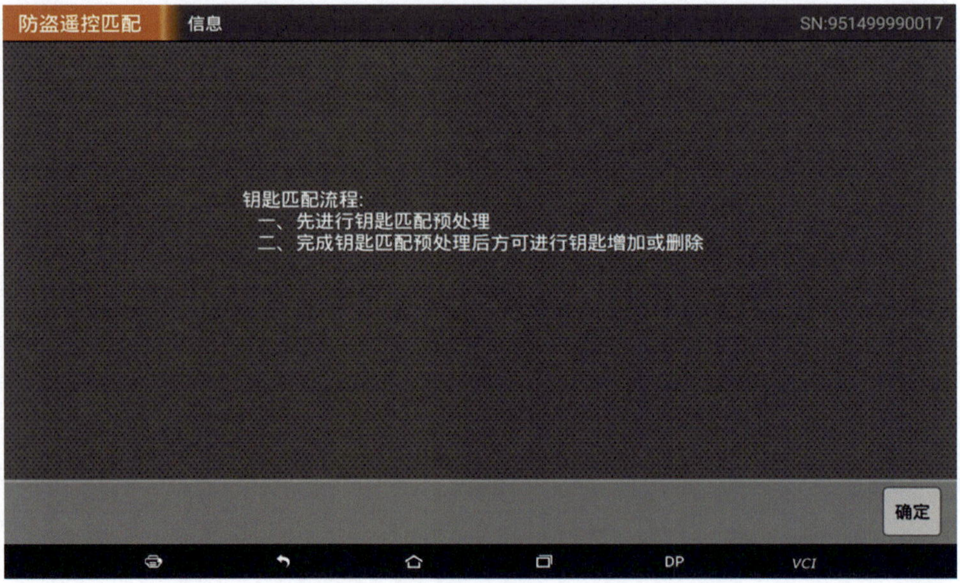

图 9-2-21

选择"钥匙信息",点击"确定"(图 9-2-22)。

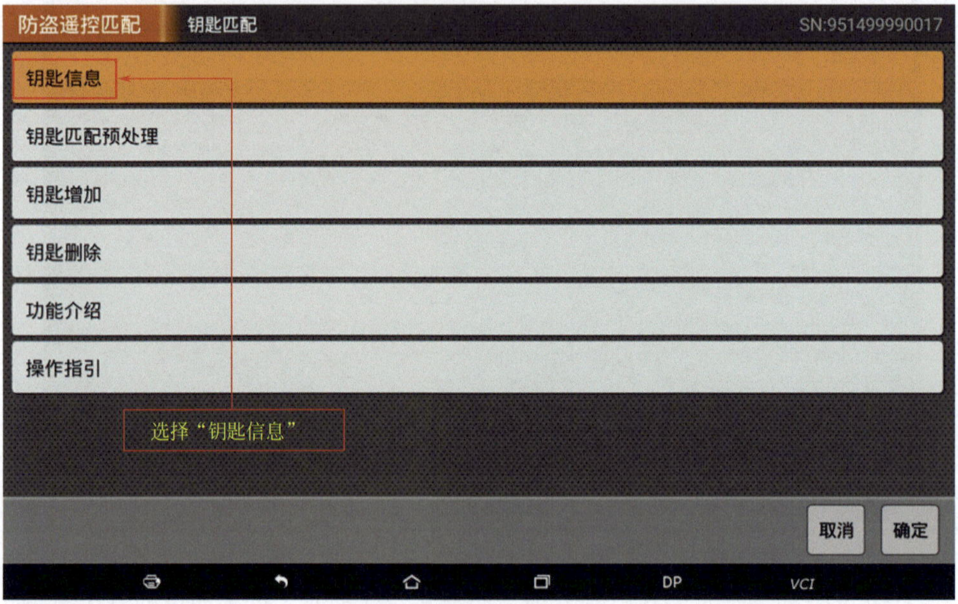

图 9-2-22

此处显示的是 BDC 模块的信息,不用管,直接点击"确定"(图 9-2-23)。

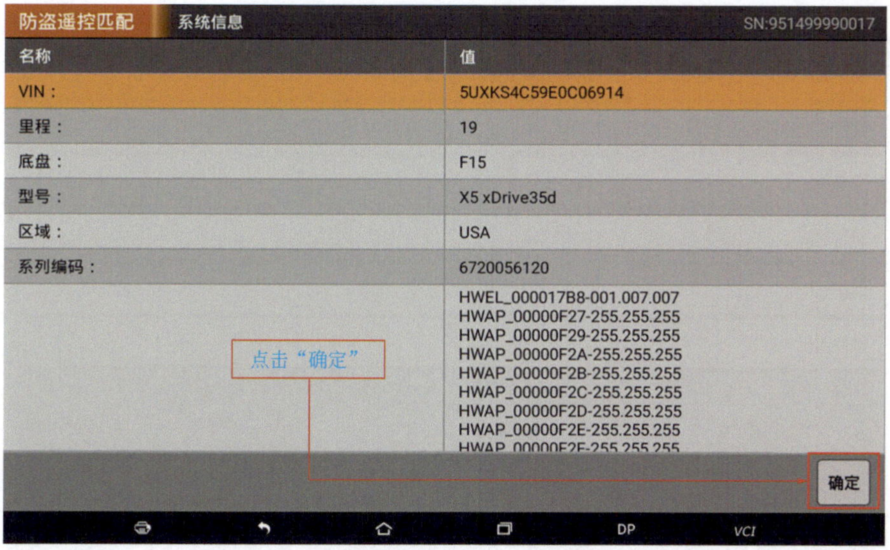

图 9-2-23

此处显示的就是当前车辆的钥匙数量、位置、ID。根据需求，最后在匹配钥匙时，选择删除已丢失的钥匙，在未占用/启用的位置选择增加新钥匙（图9-2-24）。

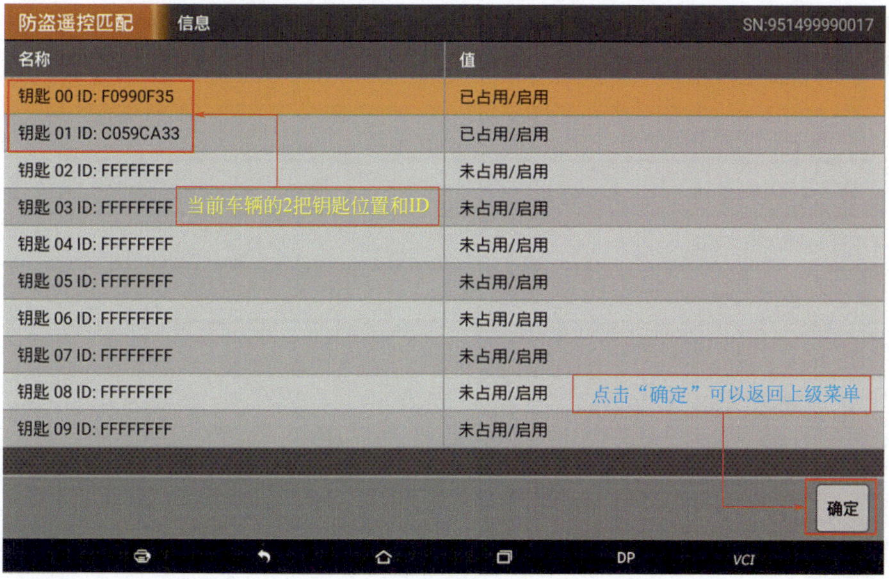

图 9-2-24

2. 钥匙匹配预处理

首次使用此类设备匹配钥匙，必须要执行预处理，查看完车辆钥匙信息之后，按"确定"返回钥匙匹配主菜单，选择"钥匙匹配预处理"（图9-2-25）。

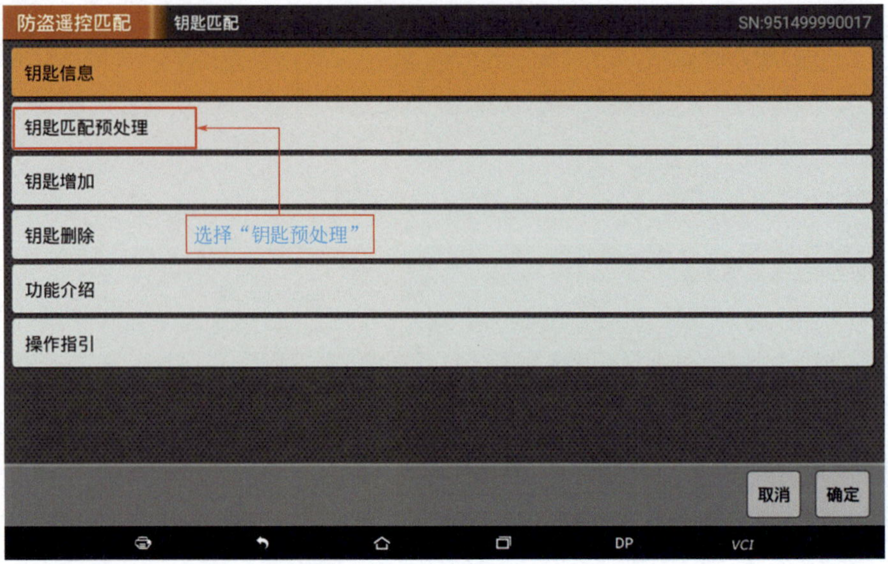

图 9-2-25

预处理共有 7 个步骤，要按顺序从第一步开始（图 9-2-26）。

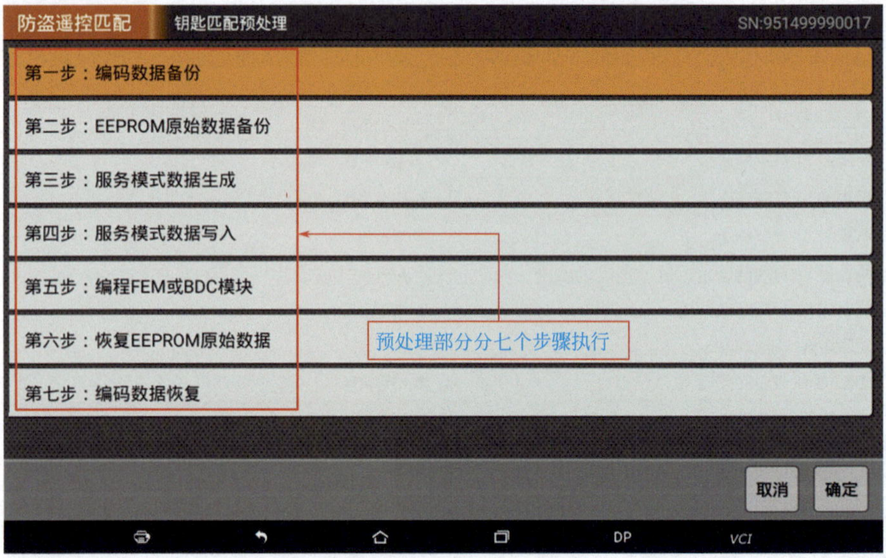

图 9-2-26

第一步：编码数据备份。

点击选择"编码数据备份"，设备提示备份中（图 9-2-27）。

图 9-2-27

读取完编码数据，如图 9-2-28 所示，点击"是"，使用默认文件名保存；点击"否"可以输入自己的自定义文件名，记牢编码数据的文件名（后面第七步需要用到）。

图 9-2-28

设备提示编码数据备份完成，开始执行第二步（图 9-2-29）。

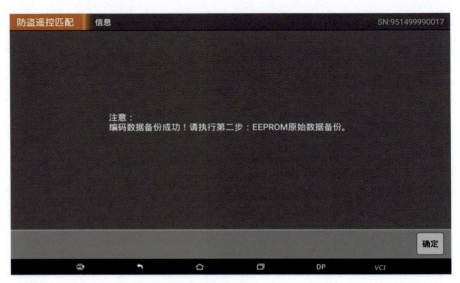

图 9-2-29

第二步： EEPROM 原始数据备份。

选择"EEPROM 原始数据备份"，点击"确定"（图 9-2-30）。

图 9-2-30

选择第二步时，显示的是如何操作编程器的简单文字描述（图 9-2-31）。因为不同的用户使用到的编程器可能不一样，操作也不一样，所以这步就写了大概的操作描述。

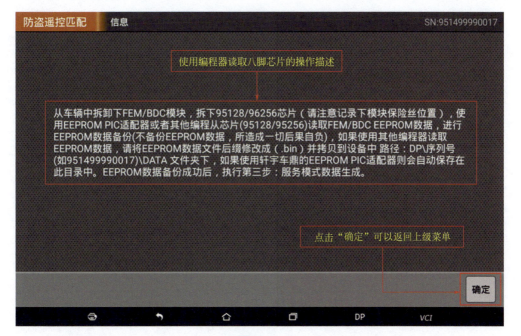

图 9-2-31

下面以 X300 PAD2 配套的 EEPROM/PIC 适配器演示操作，步骤如下。

❶ 将 BDC 模块从车辆上拆下，拆解开外壳，焊下 95256 芯片（图 9-2-32）。

图 9-2-32

❷ 将 95256 芯片焊接到适配器小板的 95××× 那一栏的位置上，或使用芯片夹子插到芯片插座上（注意芯片方向），如图 9-2-33 和图 9-2-34 所示。

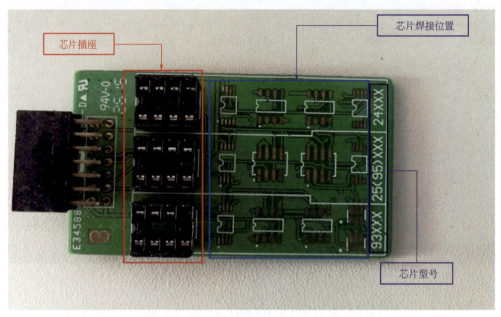

图 9-2-33

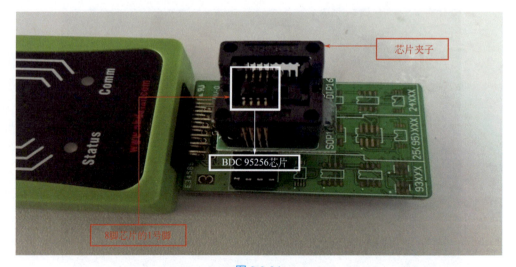

图 9-2-34

❸ 焊接好或插好芯片后，用适配器连接 X300 PAD2，接上 12V 电源（图 9-2-35）。

图 9-2-35

❹ 退出防盗遥控匹配功能，返回主界面，然后选择"EEPROM适配器"功能，选择 EEPROM，选择芯片类型 95256，开始读取芯片数据，读取成功以后取文件名保存（图 9-2-36～图 9-2-44）。

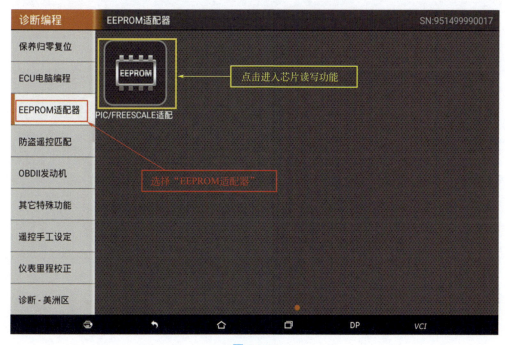

图 9-2-36

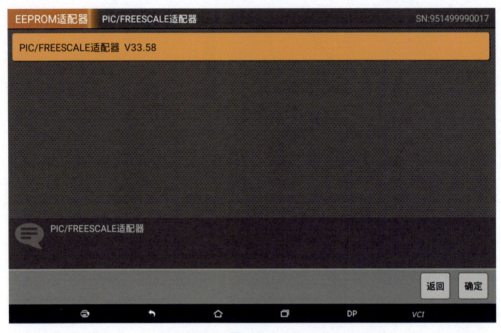

图 9-2-37

图 9-2-38

图 9-2-39

图 9-2-40

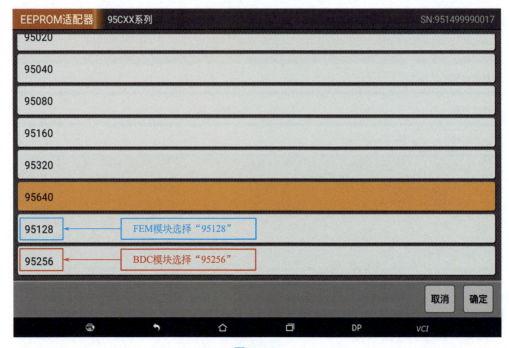

图 9-2-41

图 9-2-42

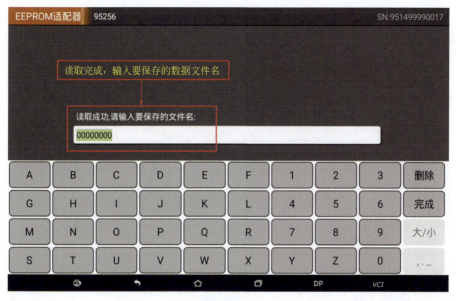

图 9-2-43

图 9-2-44

EERPOM 原始数据备份完成，保存的文件名为"BDC00000"。把 95256 芯片从适配器小板拆下，焊接回 BDC 模块。

第三步： 服务模式数据生成。

将 BDC 模块连接到测试线束上。退出"EEPROM 适配器"功能，选择防盗遥控匹配进入宝马防盗……选择"第三步：服务模式数据生成"（图 9-2-45 ～ 图 9-2-47）。

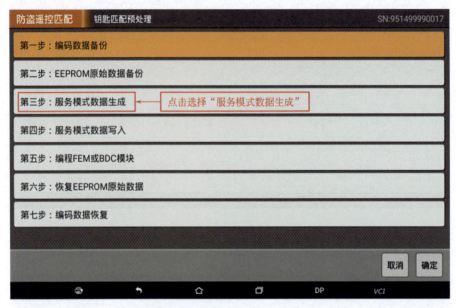

图 9-2-45

图 9-2-46

图 9-2-47

服务模式数据生成成功，保存的路径和文件名如图 9-2-48 所示。点击"确定"，返回上级菜单。

图 9-2-48

第四步：服务模式数据写入。

点击选择"第四步：服务模式数据写入"（图 9-2-49）。

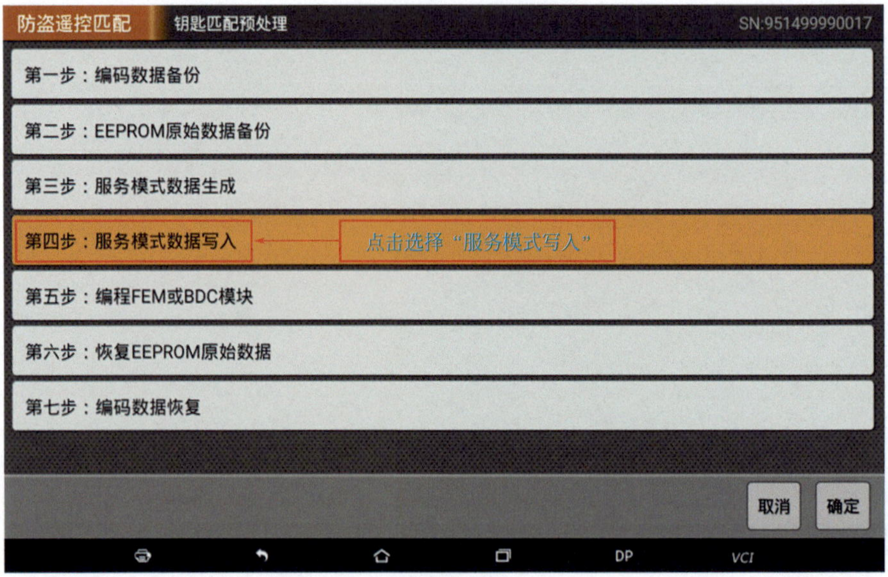

图 9-2-49

第四步和第二步一样,需要使用 EEPROM/PIC 适配器或其他编程器读写 95128/95256 芯片。如果使用其他编程器写服务模式数据,需要将刚才生成的服务模式数据从 X300 PAD2 中复制出来,拷贝到其他编程设备里面或者计算机上,再操作数据写入。下面是 EEPROM/PIC 适配器的服务模式数据写入步骤。

❶ 将 95256 芯片再次拆下,焊接到适配器上,连接 X300 PAD2(图 9-2-50)。

图 9-2-50

❷ 退出宝马防盗遥控，到主菜单，选择 EEPROM 适配器，选择 EEPROM，选择芯片类型 95256，开始读取芯片数据，读取成功以后取文件名保存（图 9-2-51 ～ 图 9-2-58）。

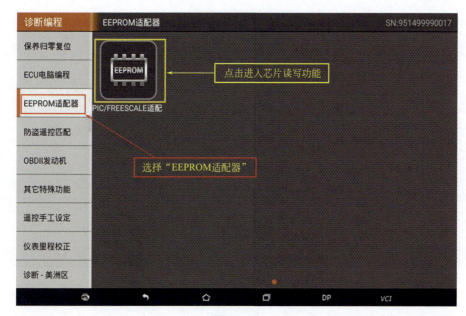

图 9-2-51

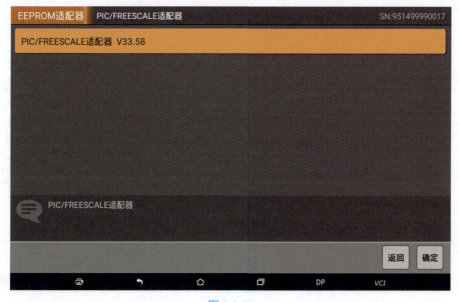

图 9-2-52

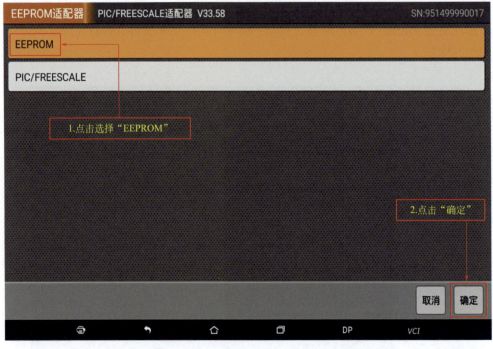

图 9-2-53

图 9-2-54

图 9-2-55

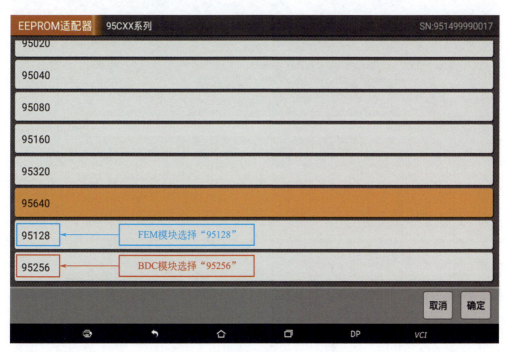

图 9-2-56

图 9-2-57

图 9-2-58

这次读取的数据，不需要特意保存，随便输入个文件名，但不能和第二步备份的 EEPROM 数据文件名一样（图 9-2-59）。

图 9-2-59

文件读取保存成功,切记此时不要退出界面,点击"帮助",然后选择要写入的服务模式数据"BDC00000(Calc).BIN"(图 9-2-60、图 9-2-61)。

图 9-2-60

图 9-2-61

这里再次确认要写入的数据是否正确，如果是其他编程器，则按图 9-6-62 所示的路径将服务模式数据"BDC00000（Calc）.BIN"复制出来。

图 9-2-62

服务模式数据恢复完成。点击"确定"返回上级菜单，退出 EEPROM 适配器功能（图 9-2-63、图 9-2-64）。

图 9-2-63

图 9-2-64

第五步： 编程 FEM 或 BDC 模块。

将 95256 芯片焊回 BDC 模块，模块装回车辆或连接到测试线束，X300 PAD2 连接车辆或测试线束 OBD 接口。退出 EEPROM/PIC 适配器功能，按菜单进入到钥匙匹配预处理菜单，选择"第五步：编程 FEM 或 BDC 模块"，然后按照设备提示操作（图 9-2-65 ～图 9-2-67）。

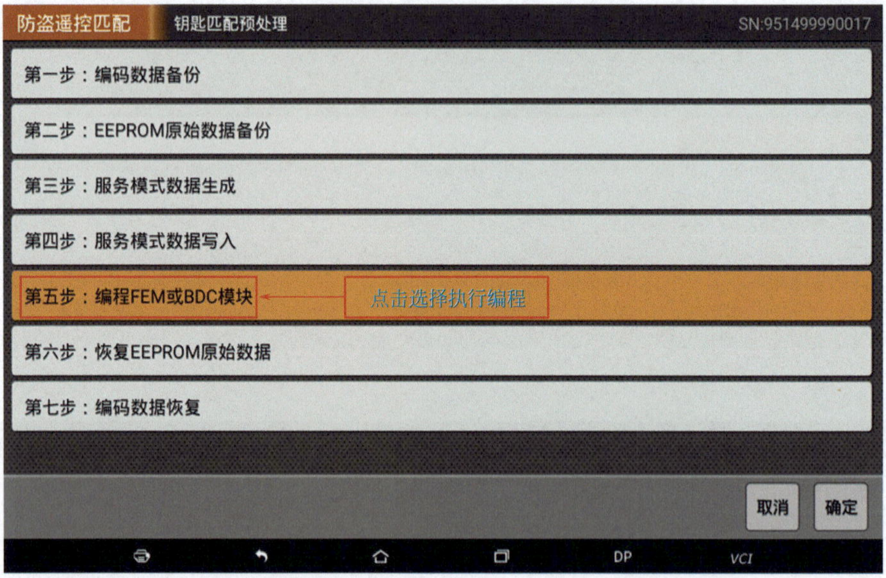

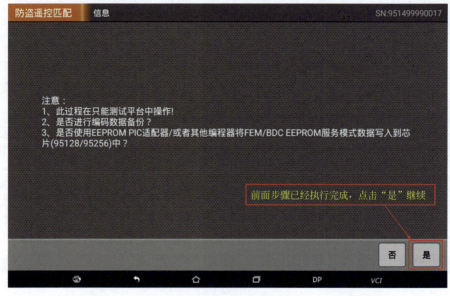

图 9-2-65

图 9-2-66

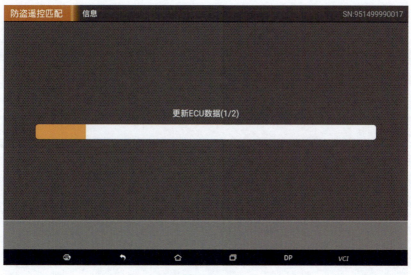

图 9-2-67

开始执行编程之后,等待编程完成,然后按"确定",返回上级菜单(图 9-2-68),执行第六步。

图 9-2-68

第六步:恢复 EEPROM 原始数据。

恢复 EEPROM 数据与服务模式数据写入步骤一样,只是最后选择写入的数据不一样,要选择第二步保存的 EEPROM 原始数据。根据服务模式写入步骤执行,最后选择的数据如图 9-2-69 所示,选择第二步保存的 EEPROM 原始数据

"BDC00000.BIN"。

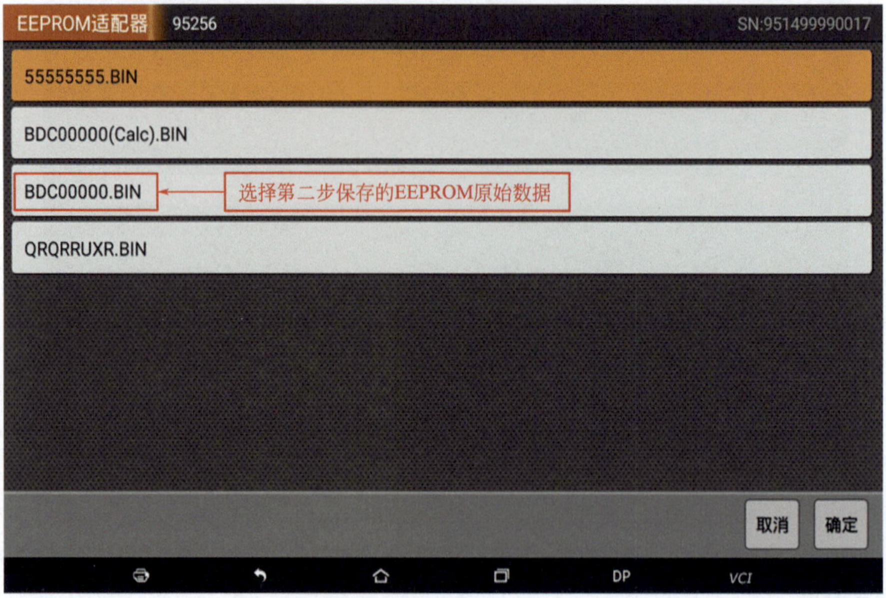

图 9-2-69

点击"确定",恢复原始 EEPROM 数据,EEPORM 原始数据恢复成功。按"确定"返回,退出 EEPROM/PIC 适配器功能,将 95256 芯片焊接回 BDC 模块(图 9-2-70～图 9-2-72),接下来开始第七步,恢复编码数据。

图 9-2-70

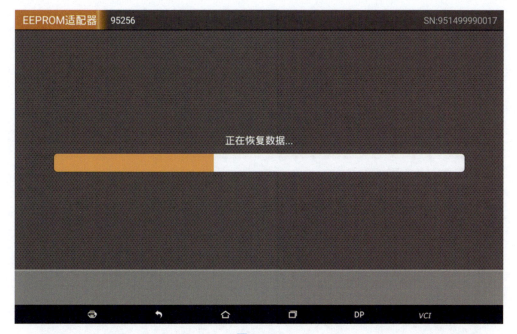

图 9-2-71

图 9-2-72

⚑ **第七步：** 编码数据恢复。

将 BDC 模块连接到测试线束，X300 PAD2 连接测试线束 OBD 接口。按菜单进入到钥匙匹配预处理，选择"第七步：编码数据恢复"（图 9-2-73 ～ 图 9-2-75）。

图 9-2-73

图 9-2-74

图 9-2-75

编码成功,钥匙匹配预处理部分全部执行完成。点击"确定"返回,退出预处理(图 9-2-76)。

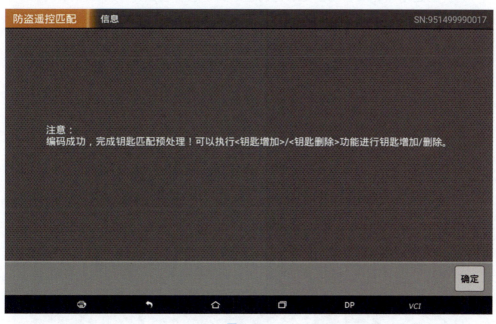

图 9-2-76

3. 钥匙增加

预处理部分执行完成之后，钥匙增加和删除要连接车辆操作。将 BDC 模块装回车辆，X300 PAD2 连接车辆 OBD。进入菜单，选择"钥匙增加"（图 9-2-77）。

图 9-2-77

选择钥匙增加之后，设备提示将钥匙贴到紧急启动位置，然后点击"确定"（图 9-2-78）。紧急启动位置在转向柱外壳右边，有钥匙标志的地方。

图 9-2-78

将钥匙贴到此钥匙标志上面，如图 9-2-79 所示。

图 9-2-79

识别到可用钥匙之后，显示可用钥匙频率类型，点击"是"继续（图 9-2-80）。

图 9-2-80

到这步，显示当前车辆的钥匙数量和位置以及 ID，目前已匹配 2 把钥匙，分别在 00 和 01 位置。现在要增加 1 把，可以在 02～09 的任一位置增加钥匙。这里选择 02 位置，点击确定（图 9-2-81、图 9-2-82）。

图 9-2-81

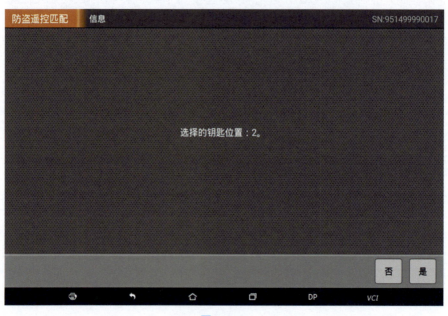

图 9-2-82

设备提示"将新钥匙贴近到紧急启动位置",然后点击"确定"继续(图9-2-83)。感应到新钥匙之后则提示成功,点击"确定"继续(图9-2-84)。

图 9-2-83

图 9-2-84

匹配成功之后,自动读取显示已匹配的钥匙信息,钥匙02的ID就是新增加的钥匙(图9-2-85)。

防盗遥控匹配　信息	SN:951499990017
名称	值
钥匙 00 ID: F0990F35	已占用/启用
钥匙 01 ID: C059CA33	已占用/启用
钥匙 02 ID: DA0DD923	已占用/启用
钥匙 03 ID: FFFFFFFF	未占用/启用
钥匙 04 ID: FFFFFFFF	未占用/启用
钥匙 05 ID: FFFFFFFF	未占用/启用
钥匙 06 ID: FFFFFFFF	未占用/启用
钥匙 07 ID: FFFFFFFF	未占用/启用
钥匙 08 ID: FFFFFFFF	未占用/启用
钥匙 09 ID: FFFFFFFF	未占用/启用

图 9-2-85

第三节　奔驰芯片钥匙匹配方法

带芯片的折叠钥匙如图 9-3-1 所示，在 1997～1999 年的老款奔驰 S 系和 2004 年前 ML 系列车型上使用，芯片类型是 7935，现在已经很少见到。

图 9-3-1

芯片钥匙匹配方法：老款奔驰 S 系的防盗盒如图 9-3-2 所示，位置在仪表后面，看到防盗盒编码为 1298203726 或 2108202126，拆焊下防盗盒里的 CPU 型号掩码 0D69J 或 0D53J，用 XPROG 编程器读出数据，按照设备接线图读取操作（图 9-3-3），使用 VVDI Ⅱ 把数据写入 7935 芯片即可（图 9-3-4）。

图 9-3-2

图 9-3-3

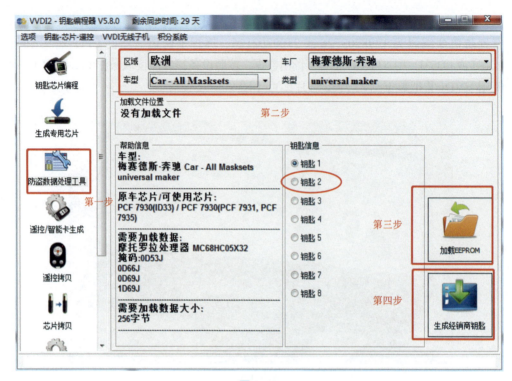

图 9-3-4

2004年前ML系列的车型，防盗EAM（AAM）电脑（图9-3-5）在方向盘左下方，CPU型号掩码为0G47V，用超级编程器或XPROG编程器读出数据，使用VVDIⅡ把数据写入7935芯片即可（图9-3-6）。

图 9-3-5

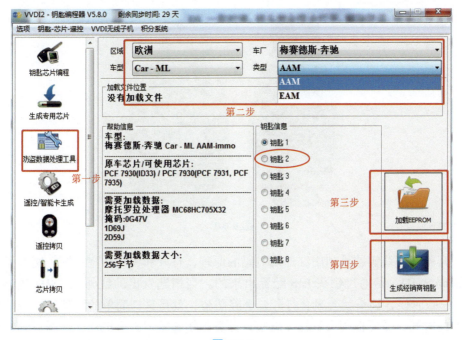

图 9-3-6

第四节　奔驰红外钥匙介绍

现在奔驰红外线钥匙最为常见。奔驰车在 2000 年左右开始有了第一代红外线钥匙，2000～2007 年是老款黑边 51/NEC 版本钥匙（图 9-4-1），2007 年后是新款亮边 57/NEC 版本钥匙以及新款亮边 BGA 版本钥匙（图 9-4-2），均属于锁头防盗的类型，分别是摩托罗拉和 NEC 两种型号（意思是锁头里面的 CPU 是摩托罗拉 CPU 和 NEC 的 CPU），锁头也叫作 EIS。

图 9-4-1

图 9-4-2

奔驰红外线钥匙是利用红外线对码的原理,打开和关闭防盗系统。钥匙里面有密码 SSID,是通过锁头 EIS 配置出来的。当钥匙发出的红外线 SSID 和锁头 EIS 一致时候,锁头就会吸合打开,解除防盗,就是这样简单的原理。所以匹配钥匙的时候,需要把锁头数据读出来,计算出钥匙数据,再把钥匙数据写到钥匙里面。

钥匙带红色按键的频率是 315MHz,不带红色按键的频率是 433MHz(图 9-4-3)

433MHz   315MHz

图 9-4-3

第五节　红外线钥匙匹配方法

2000～2007 年的车型采用摩托罗拉的锁头(图 9-5-1),需要拆下锁头,用编程器读取锁头 EIS 数据,摩托罗拉的锁头数据里就有钥匙密码。把数据加载到

VVDI MB-TOOL、CG 怪兽或道通 808 等设备里，然后生成新的钥匙数据文件，再把新生成的钥匙数据文件（带 51 版本的数据）写到新钥匙里即可。

图 9-5-1

2007 年后的车型采用 NEC 的锁头（图 9-5-2），钥匙匹配设备可用 VVDI MB-TOOL、CG 怪兽、道通 808 等设备，只要是 OBD 直接能读出锁头数据的都可以直接采集。钥匙全丢可以拆下锁头在平台上操作。

图 9-5-2

具体步骤：

锁头 EIS →读取锁头数据（确定锁头型号）→保存锁头数据文件→密码计算→选底盘号→采集数据→上传数据→查询结果→复制钥匙密码→再次进入锁头 EIS →粘贴钥匙密码→保存带有钥匙密码的锁头数据→生成钥匙文件→保存钥匙文件→读写钥匙→加载钥匙文件（051 版本）→写入新钥匙，上车试。

下面以 CG 怪兽设备为例介绍钥匙匹配方法。

首先，将笔记本电脑连接网络；

然后再打开 CG 怪兽设备软件，点击锁头（EIS），读取锁头数据（图 9-5-3、图 9-5-4）。

图 9-5-3

数据读取成功以后，点击"计算密码"；

增加钥匙时点击"有钥匙配钥匙"；

如果是钥匙全丢，点击"无钥匙配钥匙"（图 9-5-5）。

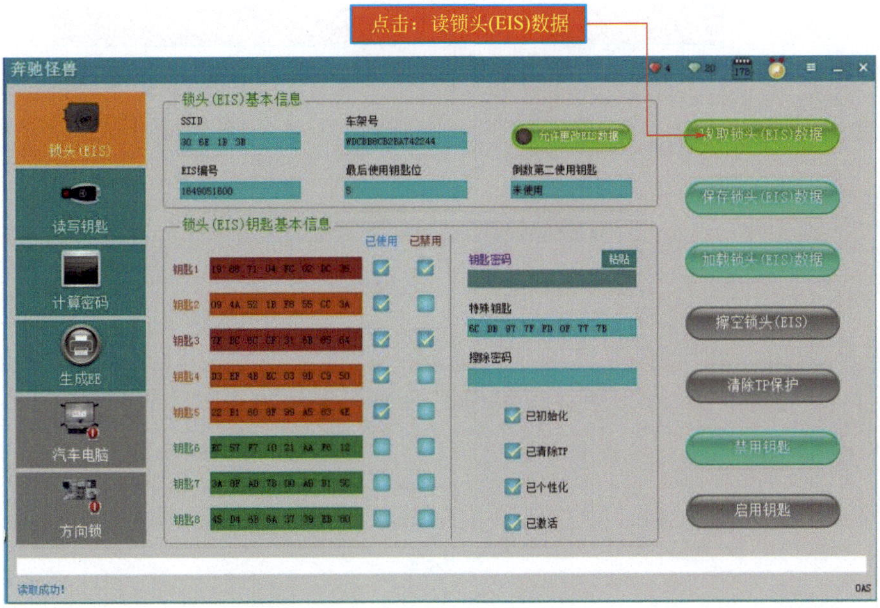

图 9-5-4

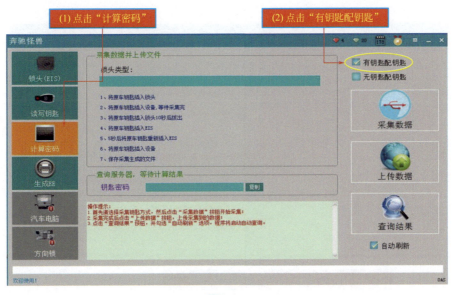

图 9-5-5

然后点击采集数据,设备会提示选择钥匙类型,选择"其他钥匙",点击"确定"(图 9-5-6)。

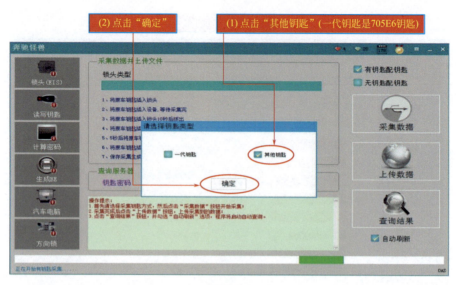

图 9-5-6

接下来按照设备的提示,完成采集数据 7 个步骤。将钥匙插入锁头,不需要打开点火开关,然后点击"确定"(图 9-5-7)。

图 9-5-7

按设备提示将钥匙拔出,插入奔驰设备编程器上,再点"确定"(图 9-5-8)。

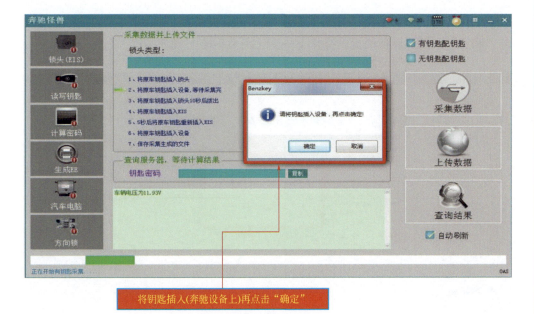

将钥匙插入(奔驰设备上)再点击"确定"

图 9-5-8

此时不要动钥匙,设备正在采集数据,需要等待几分钟(图 9-5-9)。

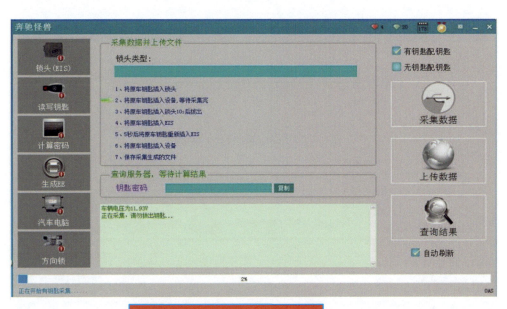

正在采集钥匙数据,请不要摆动钥匙!

图 9-5-9

采集数据的第 2 步完成过后，开始第 3 步。设备提示将钥匙插入锁头，再点击"确定"，按照设备的提示操作下一步（图 9-5-10～图 9-5-12）。

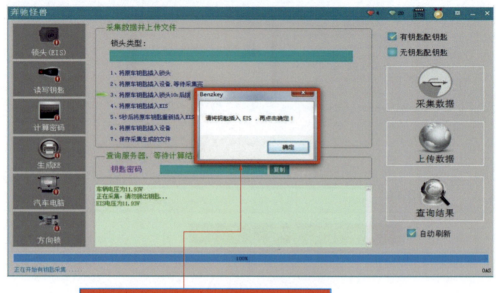

图 9-5-10

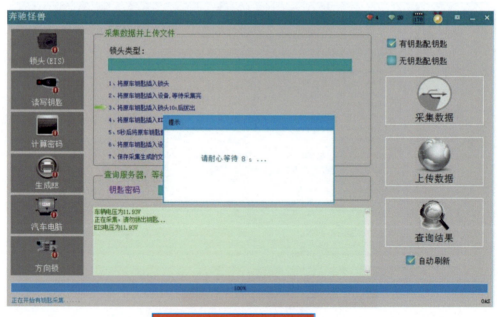

图 9-5-11

请按提示操作！

图 9-5-12

第3步完成后，按设备提示，完成第4步，将原车钥匙插入锁头后，再点击"确定"（图 9-5-13、图 9-5-14）。

请按提示操作！（上面说的EIS就是汽车点火开关）

图 9-5-13

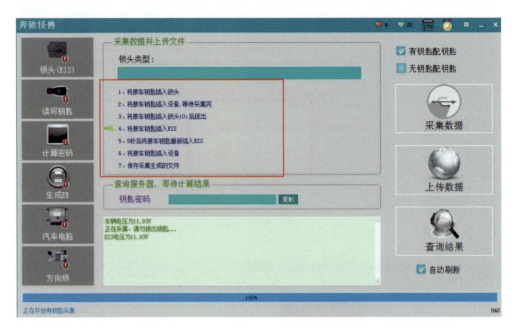

图 9-5-14

第 5 步，按设备提示将钥匙拔出锁头，重新再插进锁头，然后再点击"确定"（图 9-5-15、图 9-5-16）。

图 9-5-15

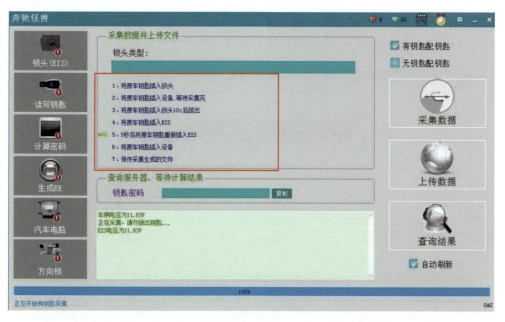

图 9-5-16

第 6 步，设备提示将钥匙拔出锁头，插入奔驰设备编程器上（图 9-5-17）。

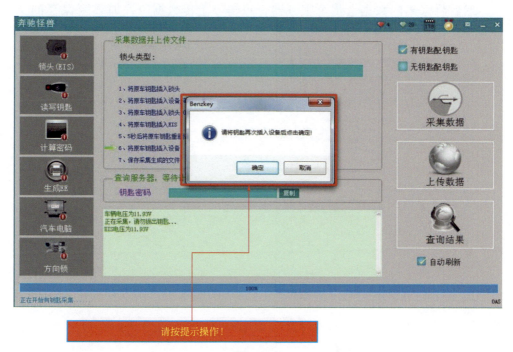

图 9-5-17

此时，数据已经采集完成，弹出数据保存界面，需要将数据保存。建议新建一个文件夹，取好文件名，将数据保存到里面（图 9-5-18）。

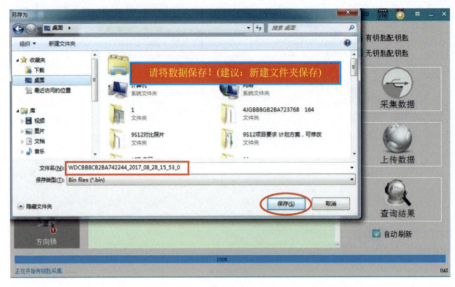

图 9-5-18

然后将采集的数据上传至服务器，点击"上传数据"，加载刚保存的文件（图 9-5-19～图 9-5-21）。

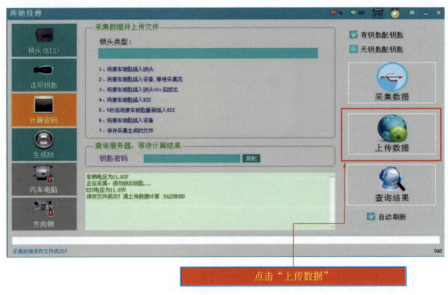

图 9-5-19

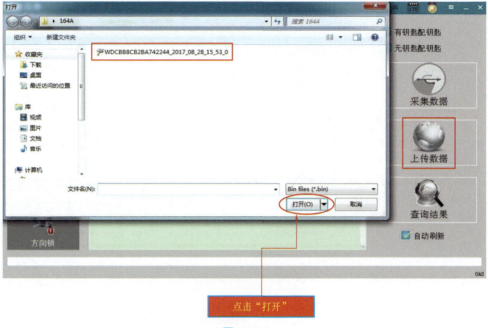

点击"打开"

图 9-5-20

请按提示操作！

图 9-5-21

数据上传以后，点击查询结果，选择自动刷新查询结果（图 9-5-22～图 9-5-24）。

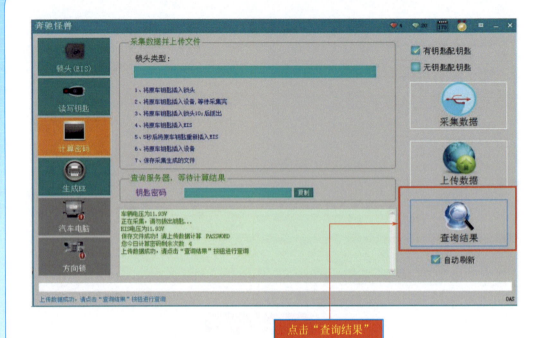

图 9-5-22

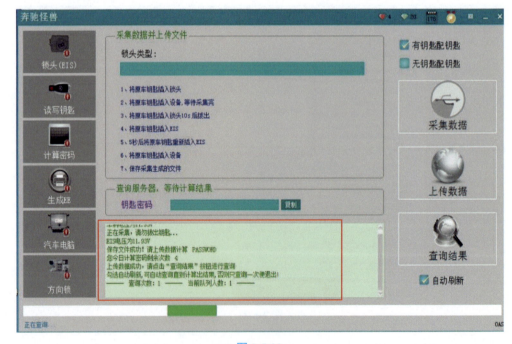

图 9-5-23

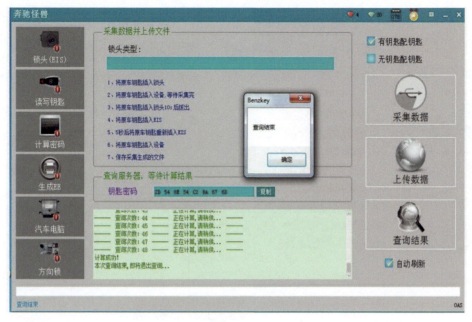

图 9-5-24

设备提示数据计算成功后,复制钥匙密码,将钥匙密码粘贴在锁头钥匙密码里,然后再保存有密码的锁头数据(图 9-5-25~图 9-5-29)。

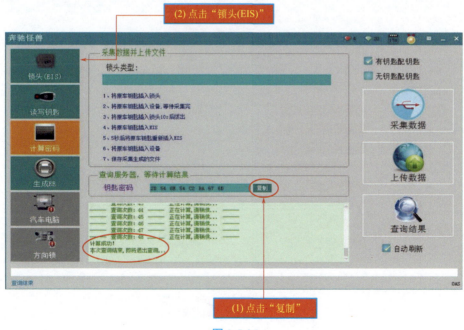

图 9-5-25

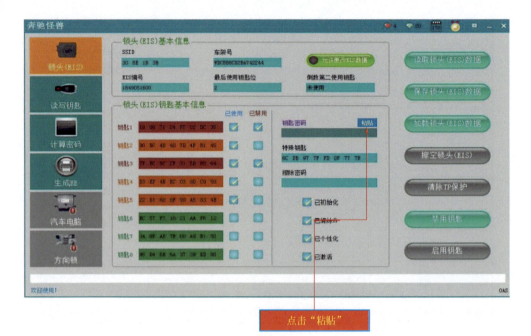

点击"粘贴"

图 9-5-26

(2) 点击"保存锁头(EIS)数据"

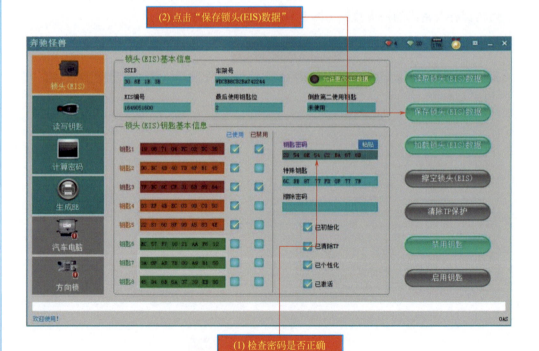

(1) 检查密码是否正确

图 9-5-27

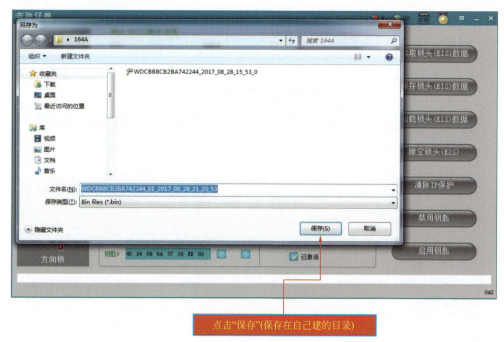

图 9-5-28

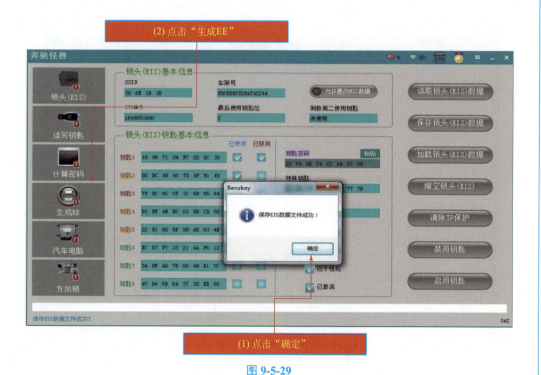

图 9-5-29

有密码的锁头数据保存好以后，将该数据生成新的钥匙文件。点击生成EE，加载有密码的锁头数据，生成钥匙文件，再将新的钥匙文件保存（图 9-5-30～图 9-5-35）。

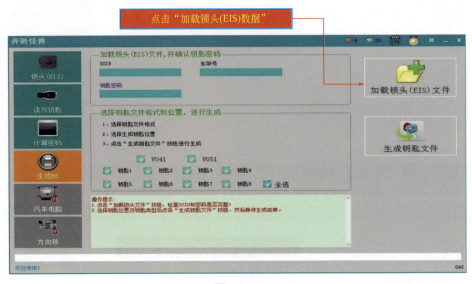

图 9-5-30

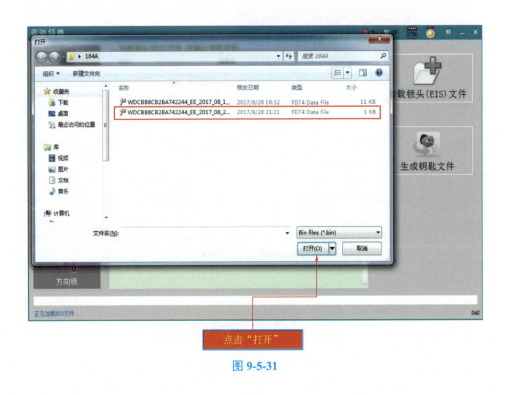

图 9-5-31

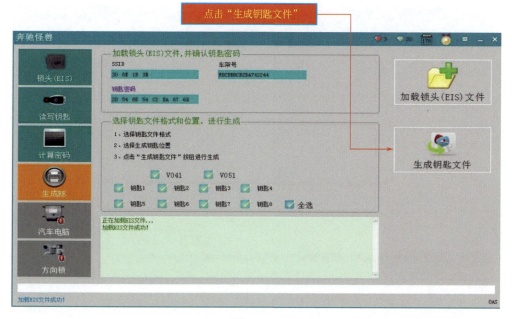

图 9-5-32

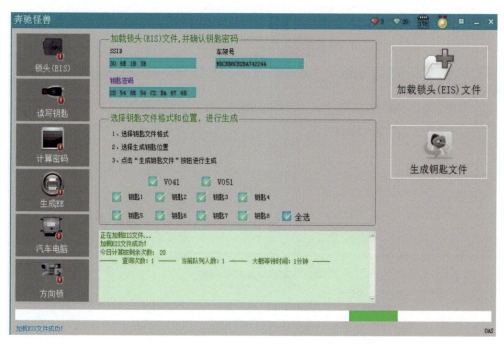

图 9-5-33

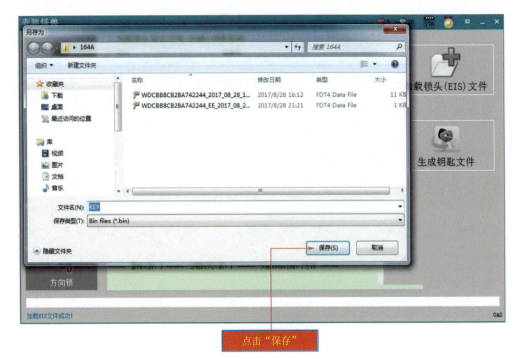

图 9-5-34

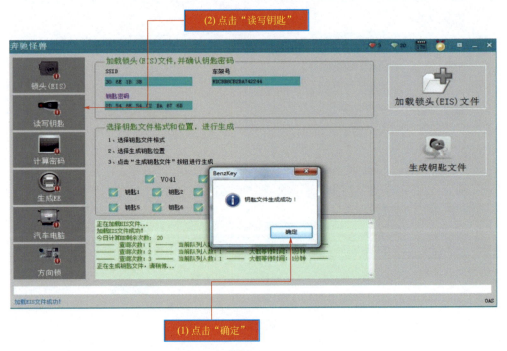

图 9-5-35

钥匙文件保存好以后，下一步写入新钥匙。点击读写钥匙，选择红外写入（图 9-5-36）。

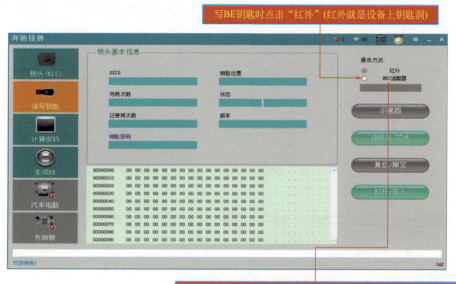

图 9-5-36

然后将新钥匙放入奔驰设备编程器，点击"读钥匙/芯片"，验证新钥匙好坏，如果新钥匙已被写入钥匙数据，可以点击"复位"，擦空钥匙数据（图 9-5-37）。

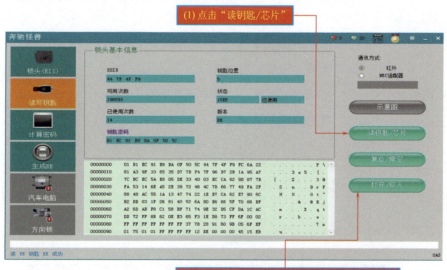

图 9-5-37

然后点击"打开",加载钥匙文件,选择数据后面是 51 的文件,51 数据是写普通钥匙或者副厂钥匙,41 数据是写原厂钥匙或智能钥匙(图 9-5-38)。

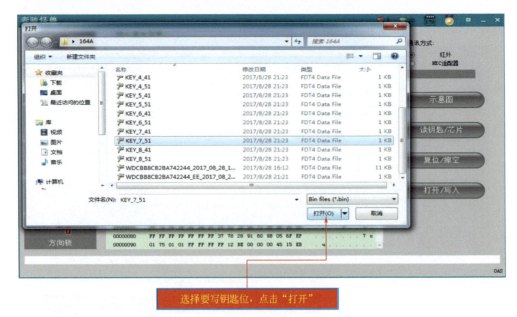

图 9-5-38

等待钥匙数据的写入,写入成功以后,即可着车,同时遥控器也已自动生成(图 9-5-39、图 9-5-40)。

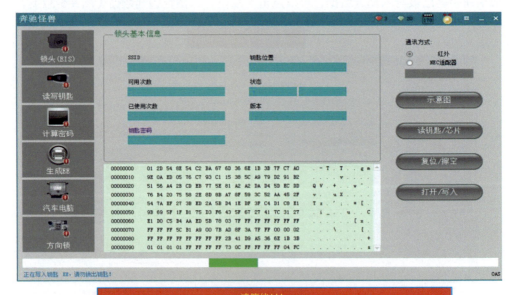

图 9-5-39

图 9-5-40

参 考 文 献

［1］周晓飞．教你成为一流汽车电工 [M]．第 2 版．北京：化学工业出版社，2018．

［2］顾惠烽等．汽车常见故障识别·检测·诊断·分析·排除 [M]．北京：化学工业出版社，2019．

［3］李玉茂．汽车发动机电控系统原理与维修 [M]．北京：机械工业出版社，2010．